Mein Stalinbau

U
U5

Thorsten Klapsch
Michaela Nowotnick

MEIN STALINBAU

Eine Berliner Straße und die Geschichten ihrer Bewohner

berlin edition im be.bra verlag

Wir verwenden in diesem Buch bei allgemeinen Personenbezeichnungen nach Möglichkeit geschlechtsneutrale Formen. Auch wo aus Gründen der besseren Lesbarkeit und Verständlichkeit nur die in der Umgangssprache übliche männliche und/oder weibliche Form verwendet wird, sind im Sinne der Gleichbehandlung grundsätzlich alle Geschlechter gemeint.

Bibliografische Information der Deutschen Nationalbibliothek
Die Deutsche Nationalbibliothek verzeichnet diese Publikation in der Deutschen Nationalbibliografie; detaillierte bibliografische Daten sind im Internet über http://dnb.d-nb.de abrufbar.

KulturBrauerei Haus 2
Schönhauser Allee 37, 10435 Berlin
post@bebraverlag.de
Fotografie: © Thorsten Klapsch
Text: Michaela Nowotnick
Idee und Konzept: Thorsten Klapsch und Michaela Nowotnick
Umschlag und Gestaltung: Thorsten Klapsch und typegerecht berlin
Satz: typegerecht berlin
Druck und Bindung: Finidr, Český Těšín
ISBN 978-3-8148-0248-0

www.bebraverlag.de

INHALT

KARL MARX BUCHHANDLUNG
SternbergPress

VORWORT

Ein älterer Herr erhebt sich von seinem Stuhl. Schmächtig ist er, in der Hand die Baskenmütze, ohne die er nie das Haus verlässt. Seit mehreren Stunden schon debattieren Bewohnerinnen und Bewohner des Wohnblocks G Nord über ein Rundschreiben, das die Hausverwaltung ihnen hat zukommen lassen. »Mitteilung über den Verkauf Ihrer Wohnung und anstehende Sanierungsarbeiten«, heißt es dort. Der Block wurde bereits in Eigentumseinheiten aufgeteilt und soll nun an Investoren und Privatpersonen veräußert werden. Es ist der letzte Wohnbau an der fast drei Kilometer langen Straße, die sich symbolträchtig vom Alexanderplatz aus in Richtung Osten erstreckt: die einstige Stalinallee, heute Karl-Marx-Allee und Frankfurter Allee, oder kurz »die Allee«.

Man habe sich für Besichtigungen zur Verfügung zu halten, so lautete die knappe Aufforderung der Hausverwaltung an die Bewohnerinnen und Bewohner des Blocks. Die Volkssolidarität, eine 1945 im Ostteil Deutschlands gegründete Hilfsorganisation, hat daraufhin zu einer Informationsveranstaltung eingeladen. Auch wir, die wir selbst seit den frühen 2000er Jahren in der Allee leben sind durch den bevorstehenden Verkauf beunruhigt. Gut zehn Jahre ist es her, dass kaum jemand hier leben wollte und viele Wohnungen leerstanden. Angst vor Verdrängung gab es noch nicht und niemand von den Mieterinnen und Mietern konnte sich vorstellen, dass nur wenige Jahre später der eigene Lebensraum vakant werden sollte. Und so haben auch wir uns an diesem Nachmittag in einem Büro der Partei Die Linke eingefunden. Hier berichten Menschen von ihren Erfahrungen, die »schon verkauft« sind, wie der Prozess des Eigentümerwechsels genannt wird. Bedrohlich hierbei ist, dass nicht mehr einem Eigentümer der ganze Block gehört, sondern dass Wohnungen einzeln verkauft werden, wodurch eine Kündigung auf Eigenbedarf ermöglicht wird und die Mieterinnen und Mieter nach Ablauf von Schutzfristen jederzeit ereilen kann. »Enteignung! Dagegen müssen wir vorgehen«, meinen die einen. »Wir haben keine Chance«, sagen die anderen. Ob Luxussanierungen durchgeführt werden dürfen, fragt man sich, teurer würde es wohl allemal werden – und dann die drohende Kündigung, der Baulärm. Wer soll das aushalten?

Bislang waren die Wohnungen hier vergleichsweise günstig, um die fünf Euro bezahlt man für den Quadratmeter im Monat. Das Wohnumfeld hat sich in den vergangenen Jahren kaum gewandelt, man lebt hier in weitgehend stabilen Nachbarschaften, ist gut an das U-Bahnnetz und die Straßenbahn angeschlossen, Einkaufsmöglichkeiten sind fußläufig erreichbar. Undichte Fenster, defekte Fahrstühle und ein marodes Wasserleitungssystem lassen sich da ertragen, zumal der Hausmeister immer ein gutes Wort für die Bewohnerinnen und Bewohner übrighat. Doch die große Prachtmagistrale verbindet eben auch das Zentrum Berlins mit den früheren Randgebieten, die nun selbst zum Innenstadtbereich gehören. Und dieser hat sich in den

vergangenen Jahren verändert: Zuzug und Immobiliengeschäfte führten zur ›Aufwertung der Wohngegend‹. Nun lohnt sich die Filetierung der eindrucksvollen Arbeiterpaläste – auch wenn sie wohl rechtswidrig war, wie jemand einwirft. Aber wer wolle im Nachhinein Klage erheben?

Angst steht in den überwiegend älteren Gesichtern. Nur wenige Menschen unter 60 sind dem Aufruf von Wolfgang Grabowski gefolgt, der schon seit Tagen nicht müde wird, zur heutigen Veranstaltung einzuladen. An den Hausbriefkästen hatten wir uns kennengelernt, als er gerade die Flyer aus seinem kleinen Einkaufstrolley, dem Hackenporsche, nahm. Auf den Dank für sein Engagement, antwortete er: »Ich bin nun so alt, ich habe nichts mehr zu verlieren. Und einer muss seinen Kopf hinhalten bei solchen Dingen, das war früher so und ist es heute auch noch. Kommen Sie dazu, wir brauchen junge Kämpfer.«

Der Herr mit der Baskenmütze räuspert sich und blickt fest in die Runde: »Wir haben die Straße mit aufgebaut, wir lassen uns nicht von denen vertreiben. Es ist unsere Straße.« ›Wir‹ und das bedrohliche unbekannte Gegenüber. Von Vertreiben sei ja keine Rede, wirft jemand ein, das sei der Lauf der Dinge, die Transformation, die jede Metropole ereilen würde. Es gäbe sicherlich auch positive Seiten, Sanierung sei nicht per se schlecht. Die Anwesenden sprechen durcheinander. Nach langen Diskussionen und vielen Wortmeldungen wird beschlossen, eine Mieterinitiative zu gründen, um über Bauvorhaben, über Verkauf, Rechte und Pflichten zu informieren und gegebenenfalls gemeinsam handeln zu können. Eine starke Gemeinschaft soll den bislang weitgehend unbekannten anderen gegenüberstehen.

Auf dem Heimweg kommen wir ins Gespräch mit einigen Besuchern der Veranstaltung. Schon immer würden sie hier wohnen, sagen sie, also schon immer seit den frühen 1950er-Jahren. Viel haben sie gesehen, fast ihr ganzes Leben hier verbracht. Und nun das! Ob wir einmal vorbeikommen könnten, um uns zu unterhalten, die angedeuteten Geschichten aufzuschreiben und vielleicht auch zu fotografieren? Kaum jemand verneint diese Frage.

Und so beginnen wir, unsere Nachbarinnen und Nachbarn und ihre Wohnungen kennenzulernen. Zum Kaffee gibt es Erzählungen von Krieg und Verlust, aber auch von Hoffnungen, die in ein neues Land gesetzt wurden, dessen Spiegel diese Straße zu sein scheint. Die Wohnungen, der intime Privatraum, stehen offen für uns, gern wird uns Einblick gewährt, sind doch viele nach wie vor stolz darauf, hier wohnen zu können. Wir werden weiterempfohlen, auf den breiten Bürgersteigen, der einstigen Flaniermeile vor dem Haus, wechseln wir nun öfter ein Wort miteinander. Und wir beginnen, gezielt weitere Bewohner der Allee anzusprechen. In der Mieterinitiative engagieren sich auch Jüngere, viele von ihnen leben ebenfalls schon seit Jahren hier. Im Fahrstuhl, auf dem Gehweg und beim Straßenfest sprechen wir miteinander. Sprechen über unsere Häuser und ihre Geschichte, über das Leben in den Prestigebauten eines verschwundenen Landes, die nun wieder zum begehrten innerstädtischen Wohnraum geworden sind.

Innerhalb weniger Jahre hat sich unser Umfeld mehrmals radikal verändert. Es entstehen neue Formen des kurzzeitigen Wohnens, die Metropole ist für viele nur eine Übergangsstation. Einige der Mieter kaufen die Wohnung, in der sie leben, und versuchen, an alte Traditionen anzuknüpfen. Gemeinsam mit Alt- und Neumietern sowie mit anderen Eigentümern veranstalten sie Hausfeste und treffen sich in Cafés. Sie sammeln

Spenden und setzen sich für den Erhalt ihres Hauses ein.

Bald nach der Ankündigung des Verkaufs gehen die ersten unserer Nachbarn, wollen vor drohendem Baulärm und Mieterhöhungen entfliehen. Die Wohnungen an Karl-Marx-Allee und Frankfurter Allee werden zu Spekulationsobjekten, viele von ihnen stehen leer. Manche wiederum bieten Berlintouristen das nötige Ambiente für ein Partywochenende: »Real GDR-chic in former Stalinallee«. Und bald beginnt das, was sich in anderen Großstädten und auch in anderen Teilen Berlins längst vollzogen hat: Die Mieten steigen und sind bei Neuvermietungen insbesondere für die untere und mittlere Einkommensschicht kaum noch bezahlbar. Abmahnungen flattern ins Haus und der Druck seitens der Hausverwaltungen sowie von Neueigentümern, die bisweilen die Wohnungen noch nicht einmal besichtigt haben, steigt. Die Angst vor Kündigungen und Klagen wird zum stetigen Begleiter der Mieterinnen und Mieter, die zum einen ›ihren Stalinbau‹ nicht verlassen wollen und zum anderen kaum eine alternative Wohnung in der Innenstadt finden. Und plötzlich sind unsere Hausbesuche nicht nur eine Dokumentation des Vergangenen, sondern zeigen auch Veränderungen auf, die für manche einen Neuanfang bedeuten, für andere aber auch große Sorgen um das Grundrecht Wohnen mit sich bringen.

Einige von den Menschen, die wir besucht haben, sind inzwischen verstorben, andere leben nicht mehr hier. Doch auch ihre Geschichten sind Teil dieses einzigartigen Gebäudeensembles und sollen auf den folgenden Seiten erzählt werden.

FRIEDE DEN HÜTTEN,
USGELIEFERT AN
TSCHE WOHNEN
RTO FEED THE RICH
LOMOMOMO
MOMO

WIR HALTEN ZU-SAMMEN
MIETER & DENKMALSCHUTZ!
·KEIN VERFALL
·LUXUSUMBAU
·MIETWUCHER
DURCH
DEUTSCHE WOHNEN
IN DER KMA
ARCHITEKTUR GALERIE BERLIN
YOSTAR YOUNG STYRIAN ARCHITECTURE

FINANZCENTER KOERNER

Kaffee und Tee

Fleischwaren
FLEISCHEREI
Neuling
OBST

L
I
C
H
T
H
A
U
S

U
U-Bhf Frankfurter Tor

6

Bitte beachten!

b·op

NACHBARSCHAFTSBESUCHE

»JEDEN TAG BIN ICH AUF DIE BAUSTELLE UND HAB' JEACKERT.«

Christa und Armin Dürr

Einer, der schon früh von einer Wohnung in der Stalinallee geträumt hat, ist Armin Dürr. Geboren 1929, wuchs er als Sohn eines Schneidermeisters in Berlin-Kreuzberg auf. 1944 musste der damals 15-Jährige die elterliche Wohnung verlassen: Nach sechs Wochen Wehrertüchtigung wurden ihm und denen anderen Jungen Uniformen ausgehändigt. Sie erhielten Ausweise der SS, andere gab es zu diesem Zeitpunkt schon nicht mehr. Hitler schickte nun auch Minderjährige in den Kampf in Richtung Osten, unter ihnen Armin Dürr, die Stiefel viel zu groß. Kurz hinter Berlin wurden sie von Soldaten aufgehalten, die von der Front kamen. »Knallköppe, dreht um, geht zurück nach Hause!«, riefen sie ihnen entgehen. Den Weg zurück überlebten nur 25 von den über 200 Jugendlichen, die losgezogen waren, um zum Sieg in einem schon lange verlorenen Krieg beizutragen. Im anschließenden »Kampf um Berlin«, in dem Dürr am Flakbunker im Volkspark Friedrichshain patrouillieren musste, wurde die Stadt in Schutt und Asche gelegt. Er überlebte erneut und kam, nachdem Berlin sich ergeben hatte, in Kriegsgefangenschaft. »Ihr Sohn Pummel ist tot«, hatte man der Mutter mitgeteilt, »er ist erschossen worden.« Monate später schallte aber der Familienpfiff über den Hinterhof, Dürr war zurückgekehrt nach Kreuzberg, nach Hause. Im Herbst 1947 wird die Mutter von einer einstürzenden Ruine erschlagen. »War eine Scheißzeit, damals«, fasst der heute 90-Jährige zusammen.

Den beginnenden Sozialismus erlebte Armin Dürr als Befreiungsschlag gegen diese alte Zeit und als eine Möglichkeit, zukünftig ein besseres Leben zu führen. Als er den Aufruf in der Tageszeitung *Neues Deutschland* las, in dem man für die Beteiligung am »Nationalen Aufbauprogramm« warb, schrieb er sich sofort ein. Seine Baustelle befand sich auf der Weberwiese, einem neu errichteten Wohngebiet, und auf der unweit hiervon gelegenen Stalinallee. Dieselbe Straße, die – noch als Große Frankfurter Straße beziehungsweise Frankfurter Allee – bei den Häuserkämpfen sieben Jahre zuvor nahezu vollständig zerstört worden war. Dürr, der damals den Beruf des Schriftsetzers erlernte, war so oft es ging vor Ort: »Jeden Tag, vor der Schicht oder nach der Schicht, bin ich auf die Baustelle und hab' jeackert.« Mörtel abklopfen, Steine sortieren, Schutt wegräumen und neuen Baugrund schaffen. Man habe auch Leichen unter den Trümmern dessen gefunden, was vom ›Dritten Reich‹ übriggeblieben war, erzählt Dürr. Buchstäblich aus Ruinen sollte der neue sozialistische Staat auferstehen; nirgends sonst war das wohl so gut spürbar wie auf der Baustelle in der Stalinallee. Armin Dürr zeigt uns Fotos, auf denen er strahlend im Kreis von anderen Aufbauhelferinnen und -helfern steht. Glücklich sei er gewesen, mit Kollegen zusammen am Neuaufbau mitzuwirken, für die große Sache und das eigene kleine Glück.

Für 100 Halbschichten, insgesamt 300 Stunden Arbeit, so stand es in der Zeitung, erhielt man ein Los der sogenannten Aufbaulotterie. Eine Wohnung in der neu entstehenden Straße, das wäre was, dachte sich auch Armin Dürr. Dem dunklen Hinterhof entkommen, endlich im Winter nicht mehr frieren müssen, Platz haben, Luft zum Atmen. Jedes dritte Los, so hieß es, sollte gewinnen. Der junge Dürr rechnete sich aus, dass er 300 Halbschichten, also 900 Stunden, auf der Baustelle arbeiten müsste, um garantiert eine dieser Wohnungen zu bekommen. Dass jede Person nur ein Los erhalten konnte, das erfuhr er erst, als er seine bereits geleisteten Stunden abrechnen wollte. »600 Stunden umsonst Steine gekloppt«, so Dürr heute. Seine Frau wendet ein: »Na, umsonst war's nicht. War ja für'n Aufbau.« Und dann das: Bei der Verlosung im Admiralspalast gewann tatsächlich sein Los und Dürr wurde zu einem der »ersten Bewohner der ersten sozialistischen Straße Berlins«, wie es im Dezember 1952 das *Neue Deutschland* verkündete und neben hunderten anderen Namen auch den von Armin Dürr auflistet.

Nur einmal hat er seitdem die Wohnung gewechselt. Knapp zehn Jahre nach dem Umzug in die Stalinallee zog er mit seiner jetzigen Frau Christa, mit der er seit 1955 verheiratet ist, aus einer Dreiraumwohnung mit zwei Balkonen in die Zweiraumwohnung, in der sie heute noch leben. Selbstverständlich auch »inne Allee«. Ein Kollege hatte Zwillinge bekommen, Dürr bot ihm seine größere Wohnung zum Tausch an. Zu diesem Zeitpunkt hatte die Stalinallee schon ihr Stalindenkmal und, durch denselben Beschluss, im November 1961 auch ihren Namen verloren. Von nun an hieß sie Karl-Marx-Allee und hinter dem Frankfurter Tor Frankfurter Allee. Vom Stalindenkmal blieb nur ein Ohr, das im Café Sybille an der Karl-Marx-Allee betrachtet werden kann. Die S- und U-Bahnhöfe Stalinallee hießen fortan Frankfurter Allee.

Während des Arbeiteraufstands vom 17. Juni 1953, der auf Armin Dürrs Baustelle begann, hat er die Arbeiter protestieren sehen. »Ich brauchte nicht marschieren«, sagt er, »ich war überzeugt von meiner Arbeit.« Eine Entgleisung sei dieser Aufstand für ihn gewesen, die DDR war für ihn die einzig vorstellbare Form des Zusammenlebens. Es gibt Bilder des strahlenden 22-jährigen Dürrs, auf denen er vom Gerüst am Hochhaus an der Weberwiese, dem ersten Hochhausbau der DDR, steht und winkt. Seine Urkunden, auf denen die geleisteten Aufbaustunden festgehalten wurden, bewahrt er sorgsam auf, auch wenn statt Armin dort Arnim steht: »Für den großen patriotischen Kampf um den Abschluß eines Friedensvertrages mit Deutschland und zur Schaffung der demokratischen Einheit unseres Vaterlandes«, heißt es dort. Zur Einheit ist es damals nicht gekommen und, nachdem die Allee fertig gestellt war, habe man auch sehen können, warum: »Aus dem Westen kam man in den Osten rüber. Haben die günstige Valuta genutzt, um günstig einzukaufen. Da musste man doch agieren?« Später hätten sich die Bewohner anderer Ostblockländer an den großen Geschäften der Stalinallee »die Neesen plattgedrückt«.

Manchmal würden sie die früheren Zeiten vermissen, sagen Armin und Christa Dürr. Das Wohlgefühl fehle, ein Ankommen zu Hause, das Miteinander. Keine Feierlichkeiten mehr in den Gemeinschaftsräumen der Blöcke, die heute vor allem zum Abstellen von Fahrrädern genutzt werden, kein Tanz zu Schallplatten und Akkordeon. Sie hätten alles gesehen, was man vor dem Mauerfall habe sehen können. Mit dem Auto seien sie bis nach Jalta gefahren und trotzdem immer wieder gern hierher in ihren kleinen Kosmos zurückgekehrt. Der Westen, der habe sie nie gereizt. Als DDR-Bürger die Botschaft der Bundesrepublik in Budapest besetz-

NATIONALES
DEN NEUAUFBAU DER HAU

URKU

Arnim

Herr / Frau / Fr

Sie haben für das Nationale A
über 100 Ha
in freiwilliger Aufbauarbeit b
Hauptstadt Deutschla

Für Ihren großen patriotischen Beitrag im
eines Friedensvertrages mit Deutschland und zur Schaffung der demokratischen Einheit unseres Vaterlandes verleiht Ihnen das Nationale
Komitee für den Neuaufbau der Hauptstadt Deutschlands die

Aufbaunadel Stufe II

Nationales Komitee
für den Neuaufbau
der Hauptstadt Deutschlands

den 30. April 1952

2 221/52 DDR 25 4607 III. 52

EN 15. NOVEMBER 1952

DEUTSCHLAN

NATIONALES KOMITEE
ÜR DEN NEUAUFBAU DER HAUPTSTADT DEUTSCH

URKUNDE

ARNIM DÜRR

Herr / Frau / Fräulein

Sie haben für das Nationale Aufbauprogramm 19
über 150 Halbschichten
in freiwilliger Aufbauarbeit beim Neuaufbau der
Hauptstadt Deutschlands geleistet.

Für Ihren großen patriotischen Beitrag im Kampf um den Ab
eines Friedensvertrages mit Deutschland und zur Schaffung de
kratischen Einheit unseres Vaterlandes verleiht Ihnen das Na
Komitee für den Neuaufbau der Hauptstadt Deutschlands

Aufbaunadel Stufe I

Nationales
für den Ne
der Hauptst

Berlin, den 10. 7. 1952

135/1 482 221/52 DDR 25 4607 III. 52

ten, waren sie gerade zufällig zu Besuch dort. »Der goldene Westen war ja in vielen Köpfen«, versucht Dürr die damalige Situation zu erklären. »Und das waren alles junge Leute, die von der Geschichte noch wenig wussten«, ergänzt seine Frau.

Ob sie jemals daran gedacht hätten, woandershin zu gehen, die Allee zu verlassen? Für einen Umzug habe es nie einen Grund gegeben, die Wohnung sei genau richtig so, wie sie ist, meint Armin Dürr. »Naja, manchmal fragt man sich schon, warum einige Wohnungen so große Korridore haben und dafür so kleine Bäder, dass man nicht mal eine Waschmaschine unterstellen kann«, findet Christa Dürr doch noch einen Kritikpunkt. »Henselmann hieß der«, ruft ihr Mann von hinten, »der musste sich austoben mit seinem Bauhaus.«

CHAIN LOCK ALARM

»WAS BLEIBT DANN NOCH VON BERLIN?«

Maja Planinc und Alan Kucar mit Mali und Niki

»Wir haben extra aufgeräumt, damit das alltägliche Chaos nicht auffällt.« Maja empfängt uns gemeinsam mit ihrem Freund Alan, dem einjährigen Niki und der fünfjährigen Mali, die während unseres ganzen Besuchs ihren neuen Mantel nicht ausziehen wird. Ordentlich ist es hier, die Zweiraumwohnung, in der die vierköpfige Familie lebt, wirkt klar strukturiert, es gibt nichts Überflüssiges.

Zehn Jahre ist es her, dass Maja die Wohnung mit ihrem damaligen Mitbewohner renoviert hat. Wochenlang haben sie Tapeten abgetragen, Wände gespachtelt, Türrahmen gestrichen und die alten Einbauschränke instandgesetzt. Damals standen viele Wohnungen in den Gebäuden an der Karl-Marx-Allee leer und der Eigentümer wollte möglichst wenig investieren. Oft waren sie in einem schlechten Zustand, teils über Jahre und Jahrzehnte nicht renoviert worden. Die Mieten waren günstig und wohl kaum jemand ahnte, dass der Markt wenige Jahre später einmal so heiß umkämpft sein würde. »Wir haben uns sofort in die Wohnung verliebt«, sagt Maja, »und seitdem gibt es immer wieder tausend Gründe, warum man sagt: ›Ja, es ist schön hier drin zu wohnen‹.«

Als selbstständige Modedesignerin und Schnittmacherin hat sich Maja einen Arbeitsplatz in der Wohnung eingerichtet. Daneben ist sie halbtags in einer Werbeagentur angestellt. Maja ist in Berlin geboren, wohin ihre Eltern 1968 aus Slowenien ausgewandert waren. Um auszuprobieren, wie es ist, in dem Land zu leben, das sie nur aus den Familienurlauben kannte, hat sie während ihres Studiums ein Auslandssemester in Ljubljana verbracht. Dort lernte sie 2005 Alan kennen. Die beiden sprechen deutsch und slowenisch miteinander, denn Alan, der in Kroatien geboren wurde, hat den größten Teil seiner Kindheit und Jugend in Slowenien verbracht. Es ist ihnen wichtig, dass die Kinder zweisprachig aufwachsen. Mali besucht einmal in der Woche einen slowenischen Kindergarten und wird später auf eine slowenische Schule gehen. Ihren Sommerurlaub verbringt die Familie regelmäßig in Slowenien, wo Alan auch von Zeit zu Zeit arbeitet. Für die Produktion von Dokumentarfilmen, die auch auf internationalen Festivals laufen, ist er viel unterwegs. 2010 zog Alan in Majas damalige Wohngemeinschaft, 2011 kam Mali zur Welt.

Zum ersten Mal getroffen haben wir Maja bei einer Zusammenkunft des Mieterrats, in dem sie sich sehr engagierte. Dass sie dort mitmachen würde, sei ihr sofort klar gewesen, als sie einen Aufruf von Wolfgang Grabowski im Briefkasten vorfand. »Damals hatte ich noch gehofft, dass man den Verkauf verhindern kann«, sagt Maja. Sie musste jedoch schnell feststellen, dass zumindest zu diesem Zeitpunkt keine Handhabe bestand. Als auch ihre eigene Wohnung verkauft werden sollte, überlegten Maja und Alan, wie sie die finanziellen Mittel aufbringen könnten, um von ihrem Vorkaufsrecht Gebrauch zu machen. Schnell merkten sie, dass das Geld hierfür nicht reichen würde – und heute sind sie froh darüber, diesen Schritt nicht gegangen zu sein: Die neuen

Eigentümer hätten regelmäßig Probleme mit der Immobilie und es seien hohe Nachinvestitionen nötig gewesen, die sie kaum hätten leisten können. Den neuen Besitzer ihrer Wohnung haben sie bislang nicht kennen gelernt und auch er hat sein Eigentum nicht besichtigt, was sich merkwürdig anfühle, denn er habe ja etwas gekauft, was er zuvor nicht gesehen habe. Der Verkauf der Wohnungen an Einzelpersonen habe zu einer Spaltung zwischen Eigentümern und Mietern geführt, berichtet uns Maja. Die Eigentümer würden sich aus Versammlungen kennen und gemeinsame Ziele verfolgen, wohingegen die Mieter nach dem Verkauf nicht mehr zusammenhielten.

Obwohl sie den Platz so gut wie nur möglich ausnutzen, sind die beiden Zimmer für die Familie eigentlich zu klein. Gern würden sie in eine größere Wohnung ziehen, ein eigenes Zimmer für die Kinder wäre schön, etwas mehr Raum für alle. Hinzu kommt die unsichere Situation, ob nicht doch irgendwann eine Kündigung auf Eigenbedarf erfolgen wird, wo sie doch eine vergleichsweise geringe Miete bezahlen. »Die leerstehenden Wohnungen und Ferienwohnungen«, sagt Maja, »die machen mich immer so sauer. Man selber würde gern in einer größeren Wohnung leben, aber ich weiß es ja, wenn hier Dreiraumwohnungen angeboten werden, sind die Preise so hoch, dass man sie sich nicht leisten kann.« Alan erinnert das an die Situation in den Ländern des ehemaligen Jugoslawiens: »Dort sind Mietwohnungen sehr rar, weil alles auf Eigentum basiert. Es gibt keine Gesetze zum Schutz des Mieters, der Vermieter kann mit dir machen, was er will.« Weil man in Städten um die 1000 Euro Kaltmiete zahlen müsse, seien junge Leute gezwungen, bei ihren Eltern zu leben und später Wohneigentum zu erwerben. Meist wären es dann die Eltern, die hierfür Kredite aufnähmen und sich auf lange Zeit verschuldeten.

Alan sagt, dass Maja und er davon träumen, hier in der Straße, in unmittelbarer Nähe zu ihrer jetzigen Wohnung, etwas Bezahlbares finden: »Ich mag die Wohnungen. Die ganze Architektur ist so, dass sie mehr atmet. Der Flur ist so breit, es ist hell, ich mag es hier.« Dass es mit einer neuen und größeren Mietwohnung irgendwann klappen könnte, bezweifelt er mittlerweile allerdings sehr. Den Wohnungstausch, der auch nach der Wende noch üblich war, gibt es nicht mehr, und wenn Altmieter ausziehen, werden die Preise für die Neuvermietung so weit erhöht, dass sie außerhalb des Leistbaren liegt. Maja hingegen bedauert, nicht früher eine Dreiraumwohnung angemietet zu haben, zu einer Zeit, als dies noch problemlos möglich war. Um das Viertel, den Bezirk oder wenigstens die Innenstadt nicht verlassen zu müssen, experimentieren beide mit der Wohnraumgestaltung. Der große Flur und die geräumige Abstellkammer dienen zur Unterbringung von Utensilien und Kleidung, und sie denken über das Einziehen von Zwischenebenen nach. Alles hat einen festen Platz, an den es nach der Benutzung wieder zurückgeräumt wird, und die Kinder dürfen sich nicht weit ausbreiten. Das sei der Preis, den sie zahlen müssen, sagt Alan. Und Maja ergänzt, dass sie erst einmal auf jeden Fall durchhalten wollen, durchhalten, solange es noch geht.

Wie viele, die im Kreativbereich arbeiten, sind auch Maja und Alan von der Verdrängung bedroht. Vor allem Alan verfolgt diese Entwicklung mit großer Skepsis: »Was bleibt dann noch von Berlin? Es ist nicht so eine schöne Stadt wie Paris oder Wien. Es gibt hier diesen kulturellen Geist, der es interessant macht. Aber die Leute, die diesen Geist ausmachen, müssen Berlin verlassen. Und jetzt ist es nur eine kleine Kopie von Salzburg, ein kleines Disneyland, wo Leute kommen und sagen: ›Oh, wie schön und wie sauber es ist.‹«

LIEBE MAL
KLARA
GEBURTSTAG
GLÜCKWUNSCH

Fatima

SL-1210MK2

»HIER IST GANZ VIEL GESCHICHTE.«

Manuel Salati

Manuel ist Mitte 30 und wohnt in meinem Aufgang. Im Fahrstuhl haben wir uns kennen gelernt und unterhalten uns seitdem regelmäßig miteinander, wenn wir uns zufällig im Haus oder auf der Straße treffen.

Seit 2012 lebt der gebürtige Hannoveraner in einem Stalinbau, seine erste Begegnung mit Berlin fand aber schon Jahre vorher statt, in einer der aufregendsten Phasen: »Ich habe mich in den 90ern sehr rasch in diese Stadt verliebt, bin musikbedingt hergekommen, Love Parade, Clubszene.« So war es für ihn nur folgerichtig, einige Zeit später auch hierher zu ziehen. Anfangs hat Manuel in Kreuzberg gelebt, im sozialen Brennpunkt SO36, der für seine vielfältigen Ausgehmöglichkeiten bekannt war. Als dort »alles ein bisschen zu Ende ging«, habe er in den angrenzenden Friedrichshain ziehen wollen – ein Bezirk, der ihm aufregender und bunter erschien.

Damals seien mehrere Wohnungen auf der Allee inseriert gewesen. Manuel bewarb sich und wurde »aus 300 Bewerbern ausgesucht«. Er freut sich noch heute, dass es ihn hierher verschlagen hat. Der Eigentümer der Zweiraumwohnung, der sich für ihn entschieden hatte, lebt ebenfalls im Friedrichshain und ist in Manuels Alter. Er habe die Wohnung als Wertanlage gekauft, sie saniert und dann möbliert zur Miete angeboten. Die Möbel hat Manuel mittlerweile verkauft, das Wohnzimmer dominieren jetzt sein DJ-Pult und die Plattensammlung. »Mein Herz schlägt für die Clubkultur Berlins und die Menschen, die diese Kultur aufrechterhalten. Es muss nicht immer Champagner sein!«, sagt er.

Hier oben im siebten Stock, unmittelbar unter dem Dach, hört man kaum etwas von dem Straßenverkehr, der sich tagtäglich durch die Frankfurter Allee und die Karl-Marx-Allee schiebt. Hell ist es, wenn die Sonne in die zurückhaltend eingerichteten Zimmer dringt. In einer so geschichtsträchtigen Straße leben zu können, darauf sei er stolz, sagt Manuel, als unser Blick durch die großen Fenster auf die breite Straße und die ausladenden Bürgersteige, die großen Bäume und die Springbrunnen unter uns fällt. »Man kennt die Allee, weiß, was da losging. Und dann die Architektur. Wahnsinn!« Auf unsere Nachfrage hin erzählt er, was er mit der Straße, mit den Gebäuden verbindet und warum ihn der Ostteil Berlins fasziniert: »Hier ist ganz viel Geschichte. Die Bauten, jeder kennt sie. Wenn man als Tourist herkommt, geht man hier entlang und staunt und schaut sich das an, weil es so schön ist. Wenn man hier wohnen darf, ist das noch einmal ein ganz anderes Gefühl. Ich habe nie gesagt, ich muss da jetzt einmal wohnen, aber ich habe immer schon darauf hingeschaut.«

Mit seinem Vermieter verstand er sich anfangs gut. Die Beziehung litt, als Manuel begann, die Miete wegen Baulärms, eines Wasserschadens und anderer baubedingter Beeinträchtigungen zu kürzen: »Mein Vermieter versucht, Baumängel auf mich abzuwälzen«, beschreibt Manuel die Situation. Diese Mängel seien durch den Ausbau der einstigen Atelierwohnungen zu

SL-1210MK2

Wir
Lebensmittel.
EDEKA
Wir
Lebensmittel.
EDEKA
Wir
Lebensmittel.
EDEKA

Penthäusern entstanden, die auf den Dächern der Gebäude errichtet wurden. Dass diese zudem illegal entstanden sind, davon ist Manuel überzeugt, und sieht Fehler auch bei der unteren Denkmalschutzbehörde des Bezirks, die eine Genehmigung hierfür erteilt hatte. Berlin, so beschreibt er weiter, befinde sich einem umfassenden Transformationsprozess mit großen baulichen Veränderungen, die zwangsweise auch zu kulturellen und sozialen Änderungen führen würden: »Ich habe mich sehr für den Denkmalschutz eingesetzt, denn in Berlin wird ja jeden Tag etwas beseitigt, was es vorher ausgemacht hat. Clubs oder anderes.«

Mit seinen Bemühungen wird er von anderen Bewohnerinnen und Bewohnern des Hauses unterstützt, man trifft sich, tauscht sich aus und sucht Wege, um die gemeinsamen Ziele zu erreichen. Vor allem die zahlreichen Probleme bei der Haussanierung hätten zusammengeschweißt, was von Manuel positiv hervorgehoben wird: »Ich habe eine ganze Riege von Menschen kennengelernt. Man ist zusammengewachsen. Das gibt es in Berlin auch nicht oft, dass man wirklich im Haus als Nachbarschaft zusammen ist.« Insbesondere mit seiner Nachbarin aus der Wohnung nebenan, die seit über 40 Jahren hier lebt, versteht er sich sehr gut. Er habe einen Wohnungsschlüssel von seiner »Ziehmutter«, wie er sie mit einem Augenzwinkern nennt, man helfe sich gegenseitig und rede viel miteinander. An Silvester, kurz vor Mitternacht, ist Manuel mit ihr die Treppe zur einstigen Dachterrasse hochgestiegen. Dort öffnete er die Absperrung und stieß mit ihr an – so, wie sie früher immer das neue Jahr begrüßt hat.

LIMONATA

EDEKA

»LEERE WOHNUNGEN VERKAUFEN SICH BESSER.«

Ursula und Wolfgang Grabowski

Zu denen, die ›schon immer‹ hier leben, gehören auch Ursula und Wolfgang Grabowski. Durch Wolfgang sind wir zum Mieterrat gekommen, als der Verkauf der Häuser und die Privatisierung der einzelnen Wohnungen angekündigt wurden. Die älteren Bewohnerinnen und Bewohner, sie kommen regelmäßig über die Volkssolidarität zusammen, jene nach dem Krieg im Ostteil Deutschlands gegründete Hilfsorganisation, die bis heute besteht. Die Jüngeren, neu Hinzugekommenen, hoffte Wolfgang mit seinen Wurfzetteln zu erreichen, in denen er aufforderte, sich zu engagieren.

In der Wohnung der Grabowskis finden sich zahlreiche Möbel und Einrichtungsgegenstände, die von ihrem letzten offiziellen Lebens- und Wirkungsort stammen: Bis 1990 war Wolfgang Grabowski, Jahrgang 1937, Botschafter der DDR in Indien. Mit dem Ende der DDR ging nicht nur die Zeit in Indien zu Ende, sondern auch seine über 30 Jahre dauernde Tätigkeit im diplomatischen Dienst.

Aufgewachsen ist Wolfgang unweit der jetzigen Wohnung in Berlin-Friedrichshain, wo er als Kind die großen Bombardierungen im Luftschutzkeller miterlebte. Nach dem Krieg sah er von hier aus Enttrümmerung und Wiederaufbau, wobei ihn die Geschehnisse auf der Stalinallee besonders faszinierten. So kann er sich bis heute genau an den Besuch einer Ausstellung zum Bau der Sporthalle im Jahr 1950 erinnern und erzählt uns, wie er die Vorhaben rund um die Errichtung der Stalinbauten genau verfolgte.

Schon als Junge spürte er, dessen Vater kurz vor Ende des Krieges zum Volkssturm eingezogen wurde und seitdem als vermisst galt, eine politische Verantwortung, die mit der Zeit immer größer wurde. Ein Erlebnis festigte Mitte der 1950er-Jahre seine Überzeugungen: Auf dem Leopoldplatz im West-Berliner Bezirk Wedding gab sein Schulchor ein Konzert, um für die Einheit Deutschlands zu werben. Die Jugendlichen wurden von der Polizei auseinandergetrieben und ein Polizist brüllte ihn an: »Dich haben sie vergessen zu vergasen!« Später protestierte eine »von mir geleitete Gruppe von 15 Schülerinnen und Schüler gegen das Vorgehen der West-Berliner Polizei und verlangte im Polizeipräsidium, dass die zwei Schüler, die beim Kleben von Plakaten für die Einheit Deutschlands werben wollten, wieder freigelassen werden«, erzählt uns Wolfgang.

Den Wohnberechtigungsschein für die Wohnung in der Stalinallee, in der das Ehepaar Grabowski heute noch lebt, erhielt 1954 seine ältere Schwester, die nach dem Krieg eine Anstellung im neu gegründeten Berliner Glühlampenwerk VEB Narva Kombinat gefunden hatte. Das Lampenwerk verfügte über ein Kontingent an Wohnungen in der Allee, das sie ihren Mitarbeitenden zur Verfügung stellte. Anfangs bewohnte neben der Mutter und den vier Geschwistern auch die Großmutter die drei Zimmer. Seit 1961, die Geschwister waren nach und nach ausgezogen und hatten bei Familiengründung eigene Wohnungen bekommen, lebt auch Ursula hier, die Wolfgang während seines Studiums in Moskau kennengelernt hatte, wo auch sie studierte. Dort, in der russischen Hauptstadt, wurden auch die drei gemeinsamen Kinder geboren. Sie lebten anfangs mit den Eltern dort, später in Berliner Internaten.

Die Wohnung in der heutigen Frankfurter Allee gaben die Grabowskis über all die Jahre nicht auf und wurden hierzu auch nicht aufgefordert, erzählt uns Ursula. »Unsere Große war in der Wohnung, bis auch sie zum Studium nach Moskau kam«, ergänzt Wolfgang. Während der Auslandsaufenthalte im diplomatischen Dienst war die Wohnung einer der wenigen Fixpunkte für die ganze große Familie, indem sie ein oder zwei Mal im Jahr als Treffpunkt diente. Nicht immer einfach sei es gewesen, insbesondere von den Kindern getrennt zu sein: »Wir waren in einem Punkt der Wende auch dankbar«, meint Ursula Grabowski: »Wir sind nach Hause gekommen.« Im Juni 1990 war das, als sie nach Berlin zurückkehrten und Wolfgang in den Ruhestand ging. Ursula wurde nach anfänglicher Arbeitslosigkeit im SPD-geführten Berliner Senat beschäftigt, Ressort Jugend und Familie. Ob sie etwas im Vergleich zu früher vermissen? »Ja, die Menschlichkeit«, findet sie. »Und dass heute zwischen den Menschen zu große Unterschiede gemacht werden«, ergänzt ihr Mann.

Als sich die Privatisierung der Wohnungen ankündigte, war für Wolfgang sofort klar, dass er sich einbringen würde. Vor allem um die Altmieter wollte er sich kümmern, um die, die schon seit Jahrzehnten hier lebten und nun von Verdrängung bedroht waren. Er engagierte sich in der Mieterinitiative und schaffte es, Anwälte zu aktivieren, die sich um die Belange der Mieterinnen und Mieter kümmern. Das wurde auch mehr und mehr notwendig, denn vor allem die Älteren wurden mit allen Mitteln und oft unlauteren Methoden zum Auszug gedrängt. »Leere Wohnungen verkaufen sich besser«, das war Wolfgang Grabowski von Anfang an klar. Und so zog er von Tür zu Tür, klärte auf und hörte sich die Sorgen und Nöte der Bewohner an. Wie reagieren, wenn jemand eine fristlose Kündigung bekommen hat, weil die Schuhe im Hausflur standen? Was tun, wenn der Fahrstuhl seit Monaten nicht funktioniert, obwohl man auf ihn angewiesen ist?

Als ihre eigene Wohnung zum Verkauf stand, drängten die Kinder darauf, vom Vorkaufsrecht Gebrauch zu machen. Weniger als Wertanlage, sondern, damit die Eltern nicht eines Tages ausziehen müssen. Abgesehen von der Badewanne sei hier eigentlich alles altersgerecht, meint Ursula Grabowski, es gebe keine Schwellen und bis vor die Tür seien dank des Fahrstuhls lediglich wenige Treppenstufen zu überwinden. Und das sei sehr wichtig, denn natürlich wollen sie hierbleiben, so lange, wie es nur irgendwie geht.

Groß-Berlin

Stadtbezirk Friedrichshain

Abtlg. Wohnungswesen

Geschäftsz.: Hs./Ku.

Berlin- O 34, den 11.8. 1954

Grünberger Str./Pl. Nr. 54

Fernruf 580811, Hausanschluß Nr. 619

Erfassung und Zuweisung *) einer freien Wohnung

Auf Grund des § 7, Abs. 1 der Verordnung vom 2. September 1948 zum Vollzuge des Gesetzes Nr. 18 des Alliierten Kontrollrates vom 8. März 1946 (Wohnungsgesetz)

– Verordnungsblatt für Groß-Berlin, Teil I, S. 416 –

erfassen wir die im Hause Berlin- O 112, Block G-Nord III

Stalinallee Haus 31 Str./Pl. Nr. – Vorderhaus, Hinterhaus,

Quergebäude – Erdgeschoß, II Stockwerk – rechts, links, Mitte*) – gelegene

3/1 -Zimmerwohnung des bisherigen Mieters

Neubau , weil – sie frei ist – als frei gilt*).

Die Wohnung gilt als frei, weil

sie leersteht*),

sie ein Nichtberechtigter innehat*),

sie länger als 2 Monate von dem Wohnungsberechtigten nicht mehr bewohnt wird*),

der Wohnungsinhaber gestorben ist*).

Die Erfassung hat die Wirkung, daß nur noch mit vorheriger Zustimmung der Abteilung Wohnungswesen über die Wohnung verfügt werden darf. Ein ohne vorherige Zustimmung der Abteilung Wohnungswesen nach der Erfassung vorgenommenes Rechtsgeschäft über die Überlassung der erfaßten Wohnung, das den Bestimmungen der Vollzugsverordnung nicht entspricht, ist nach § 14, Abs. 1 der Vollzugsverordnung nichtig.

Gleichzeitig benennen wir gemäß § 12, Abs. 1 der Vollzugsverordnung Frau Frieda Grabowski

~~Herrn/Frau/Fräulein~~ Frl. Christel u. mit 4 Angehörigen,

bisher wohnhaft in Berlin- O 34

Kopernikus Str./Pl. Nr. 5 für die erfaßte Wohnung mit

Wirkung vom 11.8.1954 als Mieter.

*) Nichtzutreffendes ist zu streichen.

Bitte wenden!

HWohn III/9. Freie Wohnung. Mat. 1727

VEB Vordruck-Leitverlag Dresden

III-17-9 3203 654 20 Ag 135/54 DDR

*) Zutreffendes ankreuzen

**) Zahl angeben

Nach der Auszeichnung durch
shnew: die Verteidigungsminister
Heinz Hoffmann und Raul Cas
Foto: ZB-TASS

With Compliments:
Department of Education
of Higher Studies
قبة الصخرة المشرفة
القدس
JERUSALEM
P.L.O.
Amman - Jordan
TCM
OREGANO
BASILIKUM
KNOBLAUCH
MAJORAN
MUSKAT
ITAL. KRÄUTER
PETERSILIE
STEAK
PAPRIKA
SONY
NEW
ICF-7600D

Wilhelmsruh
Niederschonhausen
Borsigwalde
Pankow
Prenzlauer Berg
Charlottenburg
Mitte

»ICH MAG DIE GEMEINSCHAFT.«

Rossano Snel

Die Wohnung, in der Rossano Snel seit 2018 lebt, wurde von den damaligen Mietern im Zuge der Umwandlung von Miet- in Eigentumswohnungen gekauft. Seitdem vermieten die beiden Mittvierziger ihre einstige Studentenwohnung vorwiegend an Freunde und Bekannte. Für Rossano ist das ein Glücksumstand, denn – da ist sich der gebürtige Brasilianer sicher – als freiberuflicher Komponist und Pianist, der weder über ein geregeltes Einkommen noch über finanzielle Sicherheiten verfügt, hätte er auf dem Berliner Wohnungsmarkt kaum eine Chance gehabt.

Die zwei Zimmer und den zur Allee hinausgehenden Balkon bewohnt Rossano allein, wenngleich manchmal auch sein engster Freund aus Schultagen noch hier lebt. Der arbeitet als Programmierer in London, hält sich aber von Zeit zu Zeit gern in Berlin auf. Einen Laptop, einen Synthesizer, einige Bücher und persönliche Gegenstände, mehr hat Rossano nicht mit nach Berlin gebracht. Das Klavier am Fenster ist gemietet, der größte Teil der Möbel gehört den Wohnungseigentümern. Unser Blick bleibt an den typischen rotgepolsterten Metallstühlen aus DDR-Zeiten hängen, die bis vor wenigen Jahren noch in großen Mengen in den Kellern der unsanierten Stalinbauten standen. Viele sind im Sperrmüll oder auf den Flohmärkten der Umgebung gelandet, einige begegneten uns auch schon in anderen Wohnungen.

Rossano arbeitet an eigenen Musikstücken und unterrichtet Klavier und Komposition. In Brasilien hat er für größere Firmen und Kunstprojekte komponiert, was er gern von Berlin aus weiterführen und intensivieren würde. Vor allem aber möchte er die hiesige Kunst- und Kulturszene intensiv erleben und wenn möglich auch mitgestalten.

Daran, nach Berlin zu gehen, dachte der 35-Jährige das erste Mal 2005, als ihm eine Broschüre des Goethe-Instituts in die Hände fiel. »In der stand«, so kann er sich auch heute noch genau erinnern, »dass Berlin superbillig ist und viele, viele Künstlerbewegungen und auch die Love-Parade hat. Ich hatte damals schon die Idee im Kopf, unbedingt nach Berlin gehen zu wollen. Aber ich hatte das Geld dafür nicht.« Eine Möglichkeit, Europa und Berlin kennen zu lernen ergab sich erst 2014. Rossano spielte in einer Pop-Rock-Elektro-Band, deren Tour sie nach London und Paris sowie auch nach Berlin führen sollte. Im Vorfeld habe ein Bandkollege zu ihm gesagt: »Wenn wir in Berlin spielen, bleiben wir. Du musst Berlin kennenlernen.«

Zwei aufregende Monate seien es gewesen, die sie in der deutschen Hauptstadt verbrachten. Das sommerliche Berlin mit seinen zahlreichen Bars und Restaurants, der Clubkultur und den Parks erschien Rossano im Unterschied zu São Paulo, wo er zu diesem Zeitpunkt schon seit mehreren Jahren lebte, ruhiger und übersichtlicher, zugleich aber auch spannender, insbesondere die kulturelle Szene betreffend. Sein Bandkollege und er hatten für diese Zeit eine Wohnung angemietet, die in unmittelbarer Nähe zur Allee lag. Ein Umstand, der Rossanos erste Berlinerfahrung entscheidend prägte: »Ich bin oft diese Straße entlanggegangen und habe gedacht: ›Cool, das ist nicht normal, das ist etwas ganz Besonderes.‹« Seit dieser Zeit sei der Wunsch, dauerhaft nach Berlin zu ziehen, immer stärker geworden und wurde zwei Jahre später von ihm auch umgesetzt.

Anfangs in der Wohnung eines Freundes im Wedding lebend und anschließend gemeinsam mit seiner Freundin in deren kleiner Altbauwohnung im Prenzlauer Berg, sei der Start alles andere als einfach gewesen. Die beengte Wohnsituation, der Umstand, dass er nur wenige Kontakte hatte, und auch das Wetter setzten Rossano sehr zu: »Problematisch war vor allem, dass ich nur den Sommer in Berlin kannte. Die ersten drei Monate, als ich ankam, waren sehr kalt und sehr dunkel. Ich war supertraurig, ich war superdepressiv.« Und dann erfuhr er über Freunde, dass eine Wohnung in der Straße, zu der er sich noch immer ganz besonders hingezogen fühlte, gemietet werden konnte. Rossano handelte umgehend und war dadurch der Erste, der die Wohnung besichtigte. Die Frage, ob er hier einziehen wolle, stellte er sich zu diesem Zeitpunkt schon gar nicht mehr. Seit dem ersten Augenblick fühle er sich endlich angekommen und möchte auch heute, zwei Jahre später, nicht mehr ausziehen. »Ich liebe dieses Haus und diese Wohnung«, fasst Rossano zusammen, »denn sie ist mein erstes Zuhause seit fünf Jahren, in denen ich ein nomadisches Leben hatte.« Und ergänzt: »Ich liebe es echt hier zu wohnen. Wegen des Hauses, des Blickes und auch der Leute, die hier wohnen.«

Rossano hat bereits eine große Zahl an Freunden und Bekannten in Berlin, viele von ihnen kennt er noch aus Brasilien. Mehr und mehr hat er auch Kontakt zu den Bewohnerinnen und Bewohnern seines Hauses: »Ich mag es, mit Menschen zu sprechen und spreche auch viele an, denn ich mag die Gemeinschaft.« Oft folgen einem Gespräch im Fahrstuhl oder vor dem Haus ein Besuch in der jeweiligen Wohnung oder ein gemeinsamer Konzertbesuch. Rossano sagt, er habe seine Nachbarn »out of nothing« kennengelernt und sich mit ihnen angefreundet.

Seine Wohngegend erkundet er ausführlich, versucht den Kiez zu erleben, geht viel spazieren, essen oder in eine der zahlreichen Kneipen. »Ich mag die Möglichkeiten hier«, sagt er. Dazu gehört auch die Stadtteilbibliothek mit der großen Musikabteilung, die man von seinem Fenster aus sehen kann. Zunehmend wachse bei ihm ein Interesse für die Geschichte der Straße, von der er bei seinem ersten Berlinaufenthalt noch nicht einmal gedacht hatte, »dass das kommunistisch sein könnte«. Die Informationstafeln auf der Allee hätte er bereits genau studiert und auch die Besitzer seiner Wohnung hätten ihm einiges über die Straße und die Häuser erzählt. Gern würde er nun mit älteren Menschen in Kontakt kommen, die ihm aus eigenem Erleben etwas über die einstige Stalinallee erzählen können.

Seine Wohnung ist Rossano ein Zuhause geworden und Berlin eine neue Heimat, auch wenn die Love-Parade längst Geschichte ist und die Mieten in Berlin nicht mehr so günstig sind, wie ihm der Flyer des Goethe-Instituts versprach. Rossano möchte noch viel in Berlin erleben, eintauchen in die Möglichkeiten, die die Stadt ihm bietet. Mittlerweile habe er sich auch an das Wetter gewöhnt, gibt er mit einem Lachen zu.

Zum Abschied spielt Rossano uns eine seiner Kompositionen vor und spontan fällt uns ein, dass man an frühere Feste der Hausbewohner anschließen könnte. Die Idee, das Klavier vor die Wohnungstür, vielleicht sogar in den großzügigen Eingangsbereich des Hausaufgangs zu stellen, komme eigentlich jedes Mal auf, wenn ihn Freunde besuchen, sagt Rossano, und er verspricht, uns zum ersten Treppenhauskonzert einzuladen.

RÖNISCH

002
Version

THE
FIRE
IN THE

THE FIRE IN THE FOREST
~19:30
ÖLBERG KIRCHE
PAUL-LINCKE-UFER 29, KREUZBERG 10999 BERLIN

NEVER WORK

THE FIRE IN THE FOREST
THE FIRE IN THE FOREST

prokudent
Salviagalen
L'ORÉAL
MEN EXPERT
BARBERCLUB

»ES IST NICHT LANGWEILIG HIER.«

Vivian Sommer

Eines der Penthäuser, das aus dem Umbau und der Erweiterung einer Atelier- und Künstlerwohnung entstanden ist, wurde von Vivian Sommer gekauft. Sie war schon länger auf der Suche nach einer Wohnung und einer Altersvorsorge, zu der auch die Eltern gedrängt hätten. Der Blick über Berlin hatte es ihr sofort angetan, die Ruhe, die Größe, die Weite.

»Eine kleine Schlossführung?«, bittet sie uns herein. Wir bestaunen die großzügigen Räume, die Helligkeit und den Blick über die Dächer der Stadt. Bilderrahmen füllen eine Wand, in einer Ecke steht ein Kamin mit eigens gebautem Schornstein, auf dem Sims eine Schale mit Sand, bei dem es sich um einen Zen-Garten handelt, wie Vivian uns erklärt. Das einstige Künstleratelier, in dem bis in die frühen 2000er-Jahre ein Maler lebte, ist kaum noch wiederzuerkennen; einige wenige Einbauregale und zur Dachterrasse hin die Fensterfront, die vollständig zur Seite geschoben werden kann, erinnern noch daran. 120 Quadratmeter Wohnfläche umfasst das Penthaus, wie groß die dazugehörige Dachfläche ist, weiß Vivian nicht genau. Blumen wachsen zwischen Abluftventilatoren und der steinernen Brüstung, Vivian hat eine Hollywoodschaukel aufgestellt, auf der gerade ihr Lebensgefährte in der Sonne sitzt und den Text für eine Filmproduktion lernt. Freunde seien gern hier, sagt sie, und sie habe sie auch gern um sich.

Dass der einstige Zugang zur ehemaligen Gemeinschaftsterrasse nun die Eingangstür zu ihrer Wohnung ist, dass hier oben früher Platz für alle Bewohner des Hauses war, habe sie beim Kauf nicht gewusst. Aber jeder Hausbewohner könne jederzeit bei ihr klingeln, sie würde niemandem den Weg auf die früheren Gemeinschaftsflächen versperren. Wir stehen nun an der Brüstung und blicken bis zum Alexanderplatz, meinen, das Riesenrad im Plänterwald zu erkennen und können die Hochhaussiedlungen am Stadtrand ausmachen. Andere Penthäuser sind ebenfalls entstanden, hier, auf den großen miteinander verbundenen Dachflächen. Dem Verkauf des noch leerstehenden nebenan sieht Vivian Sommer mit Sorge entgegen: »Da war einer da, der sah aus wie ein Pseudorockstar. Der sah aus, als würde er jede Menge Drogenpartys feiern.«

Auf ihrer Wohnung befindet sich ein Fahnenmast, an dem einst anlässlich der Paraden zum 1. Mai die Flagge der DDR gehisst wurde. Für diesen Mast hat Vivian große Pläne. Zur Europawahl hatte sie bereits eine Flagge der Europäischen Union an die Brüstung gehängt. Jetzt hat ihre Schwester eine bunt-glitzernde Fahne mit einem Einhorn für sie genäht. Noch hängt sie nicht, denn der Aufstieg über den Dächern Berlins ist gefährlich. »Ich komme ja aus dem Zirkusbereich«, sagt Vivian, »und dachte, man müsste sich dafür einen Artisten holen.«

Vivian Sommer arbeitet als Medium im Theater und tritt gemeinsam mit ihrem Bühnenpartner bei diversen Veranstaltungen als Gedankenleserin auf. Als Tochter eines Wirtschaftsingenieurs ist sie in verschiedenen Ländern aufgewachsen, lange Zeit hat die Familie in Brasilien gelebt. Ihre Großmutter kommt aus dem Westteil Berlins, weshalb es sie auch immer wieder in die Metropole gezogen habe. In einem Stalinbau habe sie leben wollen, seitdem sie einmal in Sankt Petersburg war. »Diese Reise hat mich ganz intensiv geprägt«, sagt Vivian. »Seitdem verbinde ich auch mit diesem Ort hier und mit dem Geruch eine ganz, ganz intensive Zeit.«

Schon bevor sie auf das Dach zog, lebte sie in einer Wohnung in der Karl-Marx-Allee und schwärmt von der besonderen Atmosphäre der Bauten: »Es ist nicht langweilig hier. Ich habe das Gefühl, als würde das Gebäude noch etwas anderes atmen, als würde hier ein anderer Geist durchschweben.« Das Gefühl sei aber ambivalent, denn sie verstehe sich zwar mit vielen Hausbewohnern gut, dennoch spüre sie auch eine gewisse Kontrolle im Haus. Das Stichwort Stasi fällt. Man habe ihr erzählt, dass hier früher viele Mitarbeiter der Staatssicherheit gelebt hätten, und das habe sich in diesen Ort eingeschrieben.

Die Wohnung habe ihr Bühnenpartner, der gern in Immobilienportalen stöbert, für sie gefunden und Vivian hätte sich sofort in das damals noch im Umbau befindliche Gebäude verliebt. Weil das Penthaus eigentlich unter Wert angeboten worden war, folgte auf die Zusage seitens des damaligen Eigentümers ein Rechtsstreit. Deswegen habe sie sich anfangs unwohl gefühlt, sagt Vivian Sommer, sie habe nicht allein in der Wohnung geschlafen, weil sie Angst davor hatte, dass jemand von der Gegenseite vorbeikommen könnte. Mittlerweile sei dieser Zustand dem großen Glück gewichen: »Ich konnte lange Zeit gar nicht glauben, wo ich hier gelandet bin. Manchmal werde ich morgens um sechs Uhr wach und denke: Wie geil ist das denn hier!«

An den vielen Platz, der ihr zur Verfügung steht, musste sie sich erst einmal gewöhnen: »Wenn man immer in kleinen Mietwohnungen gelebt hat oder auch im Zirkuswagen, ist das schon eine Umstellung.«

2002
ALBERTO GIACOMETTI
PAUL CEZANNE
PLAKATKUNST
Banksy
BERLIN БЕРЛИН
МОСКВА MOSKAU
DUMONTS KUNSTGESCHICHTE
BIRDSCAPES
THE POLAROID BOOK
Weston
PHOTOGRAPHIE

»ES WAR, ALS OB UNS JEMAND AUF DEN KOPF GESCHLAGEN HÄTTE.«

Gisela und Dieter Hechler

Auch Gisela und Dieter Hechler lieben ihre Wohnung in der Allee, die sich ein Stockwerk unter dem Dach und dem früheren Dachgarten befindet. Sie wollen unter keinen Umständen ausziehen. »Als das mit dem Verkauf kam«, beginnt Gisela Hechler das Gespräch und sofort schießen ihr Tränen in die Augen, »war das für uns, als ob uns jemand auf den Kopf geschlagen hätte. Mein Mann hat Steine gekloppt, ich habe Steine gekloppt, wir haben den ganzen Tag gearbeitet, mein Mann hier gemauert. Und dann kommen sie zu uns, nicht mal ein freundliches Wort. Einfach so.«

Den Kaufpreis von 270 000 Euro für die knapp 70 Quadratmeter große Wohnung konnten sie nicht aufbringen. Gerechtfertigt sei er ohnehin nicht: »Ich frage mich, was ist an dieser Wohnung so teuer? Wo wir hier mal eingezogen sind, haben wir 66 Mark und einen Groschen bezahlt. Und heute bezahlen wir über 500, knapp 600 Euro.« Die Privatisierung des Wohnungsmarktes ist in den Augen des Ehepaars ein großer Fehler gewesen. Trotz der Schutzmaßnahmen für Mieter, die in Berlin eingeführt wurden, sehen sich die beiden in ihren Grundfesten bedroht. »Ich ziehe heute mit über 80 nicht mehr aus meiner Wohnung raus«, sagt Gisela Hechler. »Ich kriege auch gar keine mehr für das Geld. Die Wohnungen werden immer teurer und ich frage mich, wo ist der Staat. Der Staat müsste sagen: ›Jetzt ist Bremse!‹«

Gisela Hechler ist seit vielen Jahren schwer krank, kann nur wenige Schritte laufen und ist auf den Rollstuhl angewiesen. Ihre Wohnung sei für ihre Lebenssituation geeignet, allerdings seien in den vergangenen Jahren etliche Mängel aufgetreten, die sie stark beeinträchtigt hätten. In einem dicken Aktenordner haben Hechlers die Bau- und Wohnungsmängel dokumentiert und die diesbezügliche Korrespondenz mit der Hausverwaltung abgelegt. Sie zeigen uns Schimmel in der Küche und Wasserschäden im Wohnzimmer, kaputte Fenster und loses Mauerwerk. »Wir führen Tagebuch«, erklärt Gisela Hechler, »in diesem Staat müssen wir das machen. Sie wissen, Sie haben Recht und kriegen kein Recht. Das ist das Schlimmste, was es gibt.« Auch ihren alten Mietvertrag bewahren Hechlers in ihrem Ordner auf, ihr Pfand, wie sie sagen, um auch in Zukunft hier leben zu können: »Der ist Gold wert.«

Gisela Hechler wurde 1934 in Berlin geboren. Den größten Teil des Krieges verbrachte sie bei Verwandten in Westpommern, die sie allerdings 1944 in die bald unter Beschuss stehende Hauptstadt zurückschickten. Als das Mädchen ankam, konnte es nur plattdeutsch sprechen, kannte keine Bordsteinkanten, alles war fremd. Zudem war die Front bereits bis an die Stadtgrenze herangerückt. Bald nach ihrer Ankunft starb der Vater, als er außerhalb Berlins Milch für seine Kinder besorgen wollte: »Da war die Stalinorgel«, erinnert sich Gisela Hechler, »da war der Bunker in Blankenburg. Mein Vati, Onkel Karl und andere sind erschossen worden. Da lag dann mein Vater. Ich war ja ein Kind, ich konnte es gar nicht begreifen. Ich konnte nicht verstehen, warum die Welt so hässlich ist.«

Nach dem Krieg machte Gisela Hechler eine Ausbildung zur Verkäuferin. Mit 18 Jahren heiratete sie, aus Not, wie sie sagt. Anfang der 1950er-Jahre lebten sie mit dem kleinen Sohn in einer Laubenkolonie. Als ihr Antrag auf eine Wohnung beim Gesundheitsamt genehmigt wurde, war Gisela Hechler überglücklich. 1954 war es, als die Nachricht kam, dass sie mit Mann und Kind in einen im Entstehen begriffenen Stalinbau ziehen könne. Zwei Zimmer, Flur, Kammer und Küche. Damals, als sie eingezogen seien, sagt Gisela Hechler, habe es hier noch nicht einmal Elektrik gegeben, ein halber Rohbau sei das Gebäude gewesen. Furchtbare Angst habe sie gehabt, auf einer Baustelle zu leben. Gisela Hechler arbeitete im Schichtdienst im Konsum, das Kind war in dieser Zeit im Wochenkindergarten. Nach und nach habe sie die Wohnung eingerichtet, sich eine Existenz aufgebaut: »Auf Kredit haben wir nüscht gekauft«, schließt Gisela Hechler. »Darum hänge ich so dran, weil ich mir immer alles vom Mund abgespart habe.«

Dieter Hechler zog 1980 zu ihr in die Wohnung, in der wir heute um den Couchtisch sitzen. Kennengelernt haben sich die beiden als Gartennachbarn Ende der 1970er-Jahre. Er hat eine besondere Bindung an die Gebäude, hat er sie doch als Maurer einst mit errichtet. »Als wir die Wohnungen aufgebaut haben«, berichtet Dieter Hechler, »waren wir noch jung. Haben nach dem Warschauer Tempo gearbeitet: drei Mann. Eener hat den Kalk draufgemacht, der nächste hat die Klamotten druffgeschmissen und der Dritte hat ausgerichtet. So haben wir das gemacht.« Drei Jahre lang habe er auf der Allee gebaut – mit einem Vorgesetzten, der immer wieder zur schnelleren Arbeit antrieb. »Mein alter Polier, der konnte blöken. Unten am Alex hat der gebrüllt, das ham se hier oben noch jehört.« Am 17. Juni 1953 war Dieter Hechler auf einer Baustelle außerhalb Berlins. »In Berlin streiken se, da fahren die Panzer«, habe man ihnen mitgeteilt. Den Weg in die Stadt mussten sie zu Fuß zurücklegen. Ob er mitdemonstriert hätte, wenn er an diesem Tag auf der Baustelle in der Stalinallee gewesen wäre? Dieter Hechler ist sich nicht sicher. Wahrscheinlich nicht, oder vielleicht doch, wenn die Kumpels gegangen wären. Stolz ist er auf jeden Fall, dass er beim Aufbau der Allee mit dabei war, beim Bau von massiven Häusern, die viel aushalten: »Selbst ein Erdbeben würde uns hier in Ruhe lassen.«

Das Leben im Haus haben sie immer sehr genossen, vor allem anderen schätzten sie die Hausgemeinschaft, mit der man nicht nur Feste auf den Dachterrassen feiern konnte. In all den Jahren, die sie vor der Wende hier schon wohnten, haben sie mehrere Menschen aus der Nachbarschaft nach Westdeutschland gehen sehen. Auch Gisela Hechler hatte einst die Gelegenheit, nach Hamburg zu Verwandten auszureisen. »Das hätte mich gelockt«, sagt sie. Doch die Mutter gab zu bedenken, dass ihr Bruder, der damals studierte, wahrscheinlich die Universität hätte verlassen müssen. »Die Familie war für mich alles, da bin ich dann nicht gegangen.« Und später hatte sich diese Frage nicht mehr gestellt. »Uns ging's doch gut«, sagt Frau Hechler, und ihr Ehemann ergänzt: »Sie war Chefin im Laden und ick hatte mich inzwischen hochentwickelt zum Personalchef in einem Ingenieurbüro.« Einen Betrieb, den er nach der Wende mitauflösen musste. Eine der schlimmsten Erfahrungen seines Lebens.

Die Sanierung des Hauses, der Verkauf, der durch die Gebäudesanierung verursachte Lärm und die Mängel in der Wohnung beeinträchtigen das Leben der Hechlers momentan sehr. Dass es immer wieder Menschen gab, die Ihnen

in dieser Zeit halfen und auch weiterhin behilflich sind, dafür sind sie indes dankbar. Einer der auf der Baustelle Beschäftigten habe sogar seine Arbeitsstelle riskiert, als der Fahrstuhl ein Jahr lang nicht in Betrieb war: Jeden Morgen und jeden Abend hat er die Türen zum Dach aufgesperrt, sodass sie in den anderen Aufgang gehen konnten, um dort den Fahrstuhl zu nehmen.

NATIONALES AUFBAUWERK
BERLIN
10 Stunden-Nadel erhalten
1956
1960
Jan. 1960
20450
Einlage für die
AUFBAUKARTE
Name
Anschrift
Stadtbezirk
Friedrichshain
Diese Einlage wird in die Aufbaukarte eingeklebt
SVZ II-16-8 GB 03-53

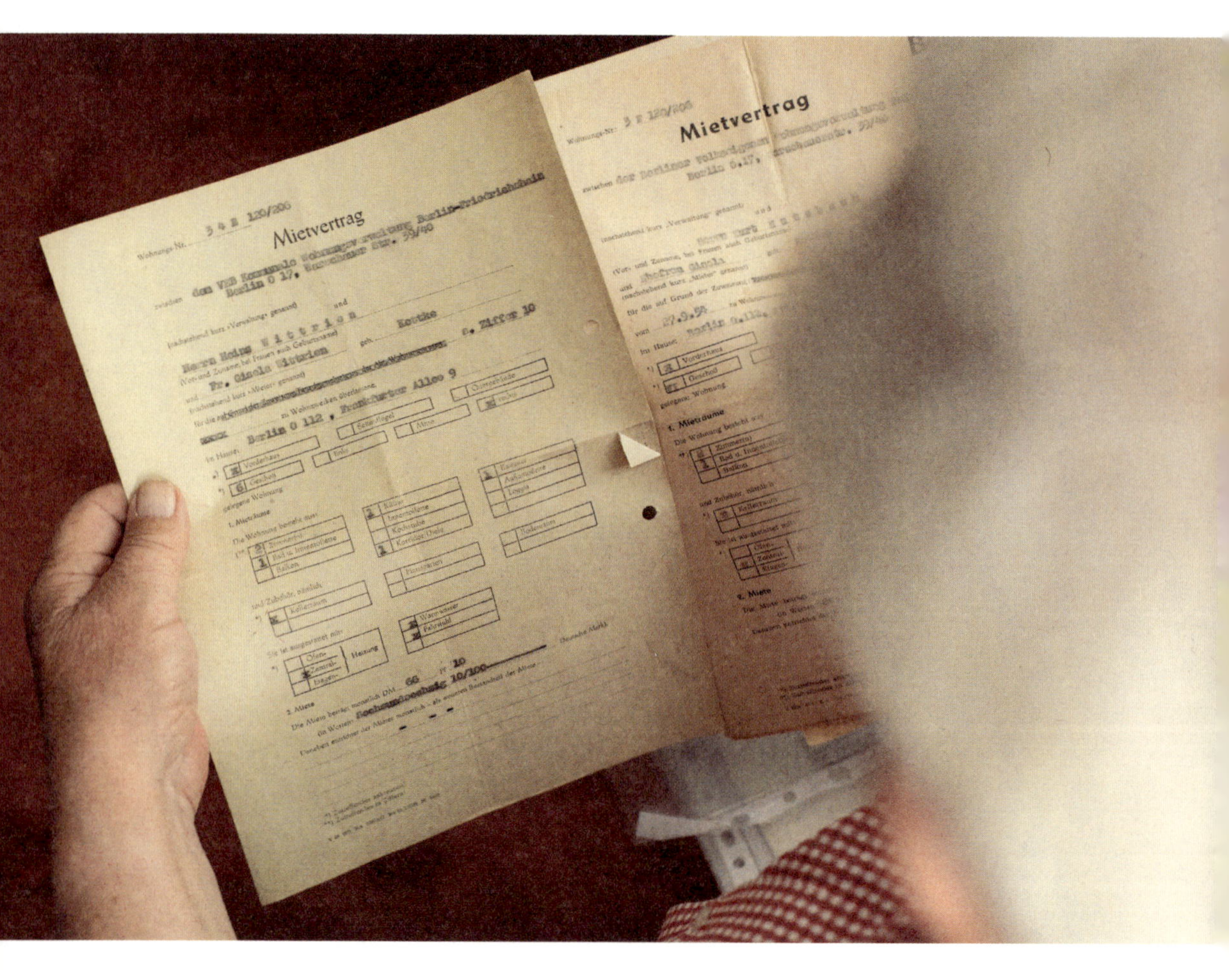

Mietvertrag
Berlin O 112 , Frankfurter Allee 9
Mietvertrag

50
100
NAW 1960
NAW 1960
NAW 1960
3/1
8. Jan. 1960

Iberogast

DUSCH

»WIR SIND HIER ALS ERSTE NEUBÜRGER EINGEZOGEN.«

Rüdiger und Frank

Zur Eigentümergemeinschaft des Blocks gehören auch Rüdiger und Frank. Seit 1992 bewohnen sie die drei hellen Zimmer. Ein Umstand, den sie bis heute als großes Glück empfinden. »Ich habe immer gesagt«, erzählt Rüdiger, »wenn sie uns hier eine Wohnung geben, ziehen wir unbesehen ein.« Dass sie ihre einstige Mietwohnung kauften, als sich die Gelegenheit dazu bot, geschah vor allem aus Sorge darüber, wegen Eigenbedarfs gekündigt zu werden. »Wenn du schon so lange hier wohnst«, meint Frank, »dann möchtest du nicht mehr hier raus.« Und Rüdiger ergänzt: »Wenn jemand diese Wohnung kauft, ist zu einhundert Prozent klar, dass er hier selbst einziehen will, oder seine Kinder.« Den Wohnungskauf bezeichnen sie als ihren »persönlichen Mietendeckel«, denn die Kreditraten sind eine feste Größe, mit der sie planen können. Neben einer Kündigung müssen sie nun auch keine Mieterhöhungen mehr befürchten.

Frank, der in Görlitz aufgewachsen ist, hatte die Allee und ihre Bauten bereits als Kind kennengelernt: »Ich hatte eine Urgroßtante, die wohnte in den Hackeschen Höfen. Wenn wir dann nach Hause fuhren, fuhr der Vati manchmal über Karlshorst und dann ging's die Allee lang.« Rüdiger, der seit 1976 in Berlin und seit 1979 im Friedrichshain lebt, habe schon immer »nur begeistert in die Allee geguckt«. »Damals war sie noch belebt«, fährt er fort, »mit fünf großen gastronomischen Einrichtungen. Alle Geschäfte waren belebt, das hat mich wahnsinnig beeindruckt.« Neugierig sei er oft auf den breiten Bürgersteigen spazieren gegangen, habe an den Fassaden entlang nach oben gesehen und gedacht, wie schön es wohl wäre, könnte man hier leben. Die Architektur und die Geschichte der großen Straße, aber auch der der Umstand, dass eine Architektengruppe Wohnraum für die Gemeinschaft schaffen wollte, faszinierten ihn schon damals. »Aber es war erst einmal nur ein Traum«, sagt Rüdiger, »in die Häuser bist du nicht reingekommen. Wohnraum ist in Berlin schon immer ein Problem gewesen.«

Frank und Rüdiger haben sich im Frühling 1986 in der Jazztanzgruppe im Haus des Lehrers am Alexanderplatz kennen gelernt, ein Paar sind sie seit 1987. Anfangs lebten sie noch in zwei Wohnungen, später zog Rüdiger zu Frank. Beide waren sie immer aktiv und engagiert, auch während der Wende und in den folgenden Wochen und Monaten, die sie mitgestalten wollten: an Gesprächsrunden teilnehmen, ein Ehrenamt ausüben, zu den neuen Verhältnissen beitragen. 1990 widmeten sie entsprechend kurzerhand den einstigen Wohngebietsklub, der sich in ihrem Wohnhaus befand, in eine Galerie um. Sie zeigten eine Ausstellung mit Fotos vom Ballett der Niedersächsischen Staatsoper Hannover, bei deren Vernissage Freunde des Berliner Jazz Dance Ensemble tanzten. Und sie hielten eine Wahlveranstaltung für die SPD mit Helios Mendiburu ab, der der erste frei gewählte Bezirksbürgermeister von Berlin-Friedrichshain werden sollte. »Wir haben es einfach gemacht«, sagt Rüdiger, »und es hat wirklich Spaß gemacht.«

In dieser Zeit, als plötzlich so vieles möglich war, konnten sie sich auch den Wunsch erfüllen, in die Allee zu ziehen. Rüdiger und Frank gingen zum Gesundheitsamt, das über ein Kontingent an Wohnungen verfügte, und baten um einen Berechtigungsschein für eine größere Wohnung, wenn möglich in der Allee. Glück sei es gewesen, sagen Rüdiger und Frank, dass sie auf eine ihnen wohlgesonnene Bearbeiterin getroffen seien, die ihnen eine soeben frei gewordene Wohnung in unmittelbarer Nähe zum Frankfurter Tor in Aussicht stellte. Rüdiger konnte diese als erster besichtigen: »Die Tür ging auf und dann dachte ich, ich sehe nicht richtig: Das Paradies! Es war Sonnenschein draußen, so eine lichtdurchflutete Wohnung hatten wir noch nie. Sonnig und groß. Wow! Ich habe dann sofort Frank angerufen und gesagt, komm vorbei.« Auch Frank war begeistert von der Großzügigkeit und den vielen kleinen Annehmlichkeiten wie den Einbauschränken und dem Berliner Kühlschrank unter dem Küchenfenster. Im Tausch gegen ihre beiden kleineren Wohnungen konnten sie einziehen und haben seitdem keinen Grund gefunden, warum sie woanders leben sollten.

Ihr Einzug wurde auch für die damalige Hausgemeinschaft zu einem Neubeginn, hatten doch bislang ausschließlich Mieterinnen und Mieter aus Erstbezug in dem Aufgang gelebt: »Wir sind hier als erste Neubürger im Haus eingezogen«, sagt Frank, »wir waren ›die Jungs‹«. Zu den Nachbarn hatten sie von Anfang an ein gutes Verhältnis, man achtete aufeinander und wohnte miteinander, nicht nur nebeneinander. Man nahm sie freundlich auf, obwohl sich viele der Hausbewohner schon fünfzig oder sechzig Jahre lang kannten, einige später sogar gemeinsam ins Seniorenheim zogen. Den Kontakt zu einigen dieser Bewohner haben Frank und Rüdiger auch nach deren Auszug beibehalten, besuchten sie im Seniorenheim und nahmen selbstverständlich an Beerdigungen teil. Mit dem Wegzug der Altmieter und dem Zuzug von jüngeren Bewohnerinnen und Bewohnern änderte sich allerdings auch das Miteinander im Haus, denn plötzlich kannte man durch den häufigen Wechsel der Mieter kaum mehr als die direkten Wohnungsnachbarn, hatte man weniger oder gar keine Berührungspunkte mehr.

Die Freundlichkeit und das Wir-Gefühl, darüber sind beide sehr froh, kehrte zurück, als sich nach dem Verkauf der einstigen Mietwohnungen die Eigentümergemeinschaft gefunden hatte. Man trifft sich wieder, hilft aus und feiert seit einigen Jahren auch wieder Hausfeste zusammen. Auf den Fluren zwischen den Wohnungen werden dann Tische und Stühle aufgestellt, jeder bringt etwas zu essen mit und Kinder spielen in und zwischen den Wohnungen. Seitdem, so bestätigen beide, sei die Bindung zu ihrer Wohnung, zu Haus und Straße noch enger geworden. Insbesondere Rüdiger sieht dies auch als Verpflichtung und engagiert sich vielfältig für die Wohnungseigentümergemeinschaft: Er setzt sich für die Durchführung von denkmalschützerischen Maßnahmen ein, spricht mit den entsprechenden Behörden und versucht, Instandhaltungsmaßnahmen am Gebäude voranzutreiben.

TEE

»ES STAND JA ALLES LEER.«

Achim Bahr

Achim hat sich beruflich vor allem auf dem Gebiet der Stereoskopie einen Namen gemacht: Er ist Gründer und Leiter des 3-D-Labors in der Berliner Technischen Kunsthochschule, einer privaten Hochschule für Technik und Design. Schon lange bevor er in einen Stalinbau zog, interessierte er sich für die Geschichte und Architektur der DDR. »Vor der Wende war ich zwei Mal in Ost-Berlin, auch auf der Karl-Marx-Allee,« erinnert sich Achim. Das war »an einem regnerischen dunklen Tag im Winter, ich glaube 1975. Es war alles hell erleuchtet und gigantisch. Das kannte man ja im Westen nicht.« Dass der 1956 in Köln Geborene selbst einmal in dieser Straße leben würde, hätte er sich damals natürlich nicht denken können, eine völlig andere Welt sei das für ihn gewesen. Obwohl, wirft er ein, eine Orientierung nach Berlin habe es bei ihm schon immer gegeben.

Für den Schritt, nach Berlin zu ziehen, bedurfte es eines Zufalls. 2012 erschien beim Surfen im Internet auf seinem Bildschirm ein Banner mit der Überschrift: »Das könnte Sie auch interessieren«. Es handelte sich um eine Anzeige für eine Wohnung in einem Block in der Frankfurter Allee, in dem gerade der überwiegende Teil der Wohneinheiten verkauft wurde. »Und dann dachte ich,« erzählt Achim Bahr, »das muss ich mir ansehen.« Auf seine Anfrage hin wurde ihm mitgeteilt, dass die besagte Wohnung bereits reserviert sei. Als die Reservierung plötzlich aufgehoben wurde, habe er sofort zugeschlagen, so Achim weiter. Die Wohnung erwarb er, um selbst darin zu leben. Später kamen weitere Wohnungen im selben Aufgang hinzu, die er heute vermietet.

Gefragt, warum er seinen Lebensmittelpunkt hierher in die ehemalige Prachtstraße der DDR verlegt hat, antwortet er: »Ich finde die Architektur fantastisch. Das ist ein bestimmter Eklektizismus, aber mit einem originären Stil.« Achim hat sich ausführlich mit den Bauten und der Allee befasst. Er schildert uns ihre Entstehungsgeschichte, die eng an die Geschichte der Stadt Berlin geknüpft sei, wie man beispielsweise an den Straßenlaternen erkennen könne: »Das ist eine verkleinerte und etwas verspieltere Version der Laternen, die auf der Straße des 17. Juni stehen.« Die große Leistung der damaligen Architekten habe darin gelegen, dass sie, anders als beispielsweise Albert Speer, den Menschen und dessen Proportionen ins Zentrum ihrer Bemühungen stellten und einen Beitrag zu einer besseren Gesellschaft leisten wollten: »Und dieser Neoklassizismus mit dieser Ornamentik und den Größenverhältnissen. Aber es hat alles menschliches Maß. Das kann man den Pionieren aus den 50ern ruhig abnehmen. Sie haben geglaubt und auch geplant, großartige Wohnungen, eigentlich luxuriöse Wohnräume für den sozialistischen Menschen der Zukunft zu schaffen. Dass es nicht geklappt hat, aus verschiedenen Gründen, das ist eine andere Geschichte. Aber dass sie es vorhatten, finde ich schon grandios.«

Damals war Achim Bahr einer der ersten, der im Haus Wohneigentum erwarb. Eine nicht ganz einfache Situation, mit der er sich konfrontiert sah, befürchtete er doch anfangs Ablehnung von denen, die oft schon Jahrzehnte hier lebten. Doch er sei sofort freundlich aufgenommen worden: »Sie haben mich nicht als Kapitalisten aus dem Ausland betrachtet. Oder als Feind. Sondern alle waren enorm freundlich und freundschaftlich und freuten sich auch, dass hier etwas geschieht. Es stand ja lange Zeit alles leer.« Von den Problemen, vor die sich die Eigentümergemeinschaft gestellt sehen würde, ahnte Achim damals noch nichts. Es sind juristische Auseinandersetzungen mit dem Vorbesitzer des gesamten Blocks, der einen großen Teil der Mieteinheiten in Eigentumswohnungen umwandeln ließ und verkaufte. »Mir wurde erst sehr viel später klar, was hier abgezogen wird. Und der Kampf dauert bis jetzt. Wir kämpfen um vertraglich festgelegte Dinge, die eingehalten werden sollen.« Die Stimmung innerhalb der Eigentümergemeinschaft sei gut, er sei auf jeder Versammlung dabei und wolle dort durchsetzen, was eigentlich eindeutig zu sein scheint: »Mein Antrieb ist der Erhalt des Denkmals. Der zweite Kampfplatz ist die Bezirksverwaltung. Und dass wir wie normale Vertragspartner behandelt werden. Wie die hier mit einem umgehen, kaum dass man den Vertrag unterschrieben hat, das ist kriminell.«

Bei den vielen Umbaumaßnahmen im letzten Block der Frankfurter Allee sollte eigentlich mehr Wert auf die denkmalgerechte Sanierung gelegt werden, als dies im vorderen Teil, auf der Karl-Marx-Allee, der Fall gewesen war. Briefkästen blieben erhalten, obwohl sie für heutige Sendungen eigentlich zu klein sind, Lampen wurden möglichst weiterverwendet, Fliesen nach den Originalrezepturen neu hergestellt. Und dennoch, immer wieder gab es Unstimmigkeiten wegen der Maßnahmen, die in diesem einmaligen Ensemble genehmigt und durchgeführt wurden. Als Forum für seine Bemühungen hat Achim Bahr den Verein Stalinbauten e.V. initiiert, der auch Führungen auf der Allee veranstaltet.

In dem Raum, in dem wir gerade zusammensitzen, werde oft getagt, besprochen und überlegt, wie weiter vorzugehen sei. Manchmal bis zwei Uhr morgens. »Das ist der Grund, warum ich diesen großen Tisch angeschafft habe«, sagt Achim und ergänzt mit einem Lächeln: »das Hauptquartier der Widerstandsbewegung«. Während wir uns unterhalten, trinken wir Kaffee und essen Plätzchen vom Bäcker um die Ecke, der Backwaren verkauft, wie er sie auch vor 1989 schon produzierte. Es sei ihm wichtig, so Achim, Altes zu bewahren und zu überliefern. So stammt vieles in der Wohnung aus der Zeit der Errichtung der Gebäude, meist handelt es sich um Internetfunde oder aber um Sonderanfertigungen, wie die Türfüllungen, die er bei einem Glaser in Auftrag gegeben hat, der sie nach alten Modellen herstellte.

Während der Sanierung stand Achim Bahr vor zahlreichen größeren und kleineren Herausforderungen: »Die Wohnung stand jahrelang leer. Es war alles ziemlich verwüstet.« Die letzten Mieter der Nachbarwohnung, die er ebenfalls erwarb, gehörten wohl noch zu den Erstbeziehern und lebten seit Mitte der 1950er-Jahre hier. Nach der Wende seien sie in ein Seniorenheim gezogen.

Wir treten auf die Terrasse, die sich über einem von großen Säulen flankierten Durchgang befindet. Er verbindet zwei Blocks miteinander und ermöglicht die Passage von der Allee auf die dahinter liegende Straße. In der Mitte befindet sich eine große Uhr, die über viele Jahre stillstand. Als eines seiner ersten Projekte nach dem Umzug hat sich Achim für die Reparatur eingesetzt, bis die Wohnungseigentümergemeinschaft diese dann veranlasst hat. Den Menschen vor dem Haus zeigt sie nach vielen Jahren nun wieder die Zeit an; ein erster kleiner Schritt zur Pflege des Ensembles.

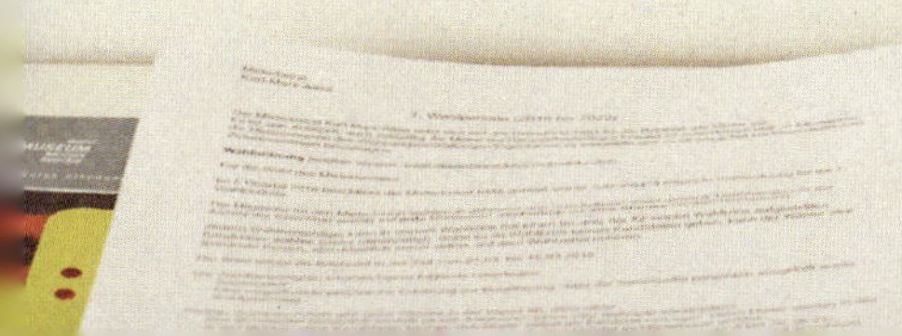

Jakobs Söhne
A. LORENZ NIBELUNGEN
A. LORENZ MEISTERSINGER
A. LORENZ TRISTAN
A. LORENZ PARSIFAL
WESTERNHAGEN WAGNER
Martin Gregor-Dellin Richard Wagner
Piper
DER LETZTE DER TITANEN
JOACHIM KÖHLER
MEIN LEBEN
MEIN LEBEN
SIBYLLE ZEHLE
Cosima Wagner Die Tagebücher 1 1869–1877
Piper
Cosima Wagner Die Tagebücher 2 1878–1883
Piper
Cosima Wagner Das zweite Leben
Piper
Cosima Wagner und Ludwig II. von Bayern
Briefe
WAGNER THEATER
PIPER
PIPER
RICHARD WAGNER DIE FEEN

»HIER BIN ICH GEBOREN UND WOHN' HIER IMMER NOCH.«

Ingeborg Jütz (sen.) und Ingeborg Jütz (jun.)

Ingeborg Jütz, Jahrgang 1927, ist Mieterin der ersten Stunde, Erstbewohnerin der Wohnung, in der sie noch heute lebt. Sprachlos sei sie gewesen, als ihre Familie den Wohnberechtigungsschein bekommen habe, damit habe sie trotz der geleisteten Aufbaustunden nicht gerechnet. Am Nikolaustag 1954 konnten sie und ihr Mann die eineinhalb Zimmer, in denen sie mit zwei Kindern lebten, verlassen und die geräumige Wohnung mit drei Zimmern und einem Flur beziehen, der als ein zusätzlicher Raum genutzt wird. Das dritte Kind, sie heißt wie die Mutter Ingeborg, kam 1956 schon in der Allee zur Welt. »Hier bin ich geboren und wohn' hier immer noch«, kommentiert sie diesen Umstand. Damals, erzählt Ingeborg Jütz, hätten sie zwischen zwei Wohnungen wählen können: einer im vierten Stock mit Balkon oder aber einer im sechsten, wo es neben dem Badezimmer eine separate Toilette gab. Die Entscheidung fiel auf den sechsten Stock. Da es einen Fahrstuhl gab, war kein zusätzliches Treppensteigen zu befürchten.

Und wer braucht schon einen Balkon, wenn die Gemeinschaftsterrasse auf dem Dach nur wenige Treppenstufen entfernt ist? Der Zugang hierzu gehört heute allerdings zu einer Penthauswohnung, schon seit vielen Jahren dürfen die Dachflächen nicht mehr von den Mietern betreten werden. Früher dagegen habe sich dort ein großer Teil ihres Lebens abgespielt, erzählt Frau Jütz: »Viel haben wir uns auf dem Dachgarten getroffen. Die Kinder haben gespielt, wir haben unsere Wäsche aufgehängt und die Männer haben Karten gespielt. Im ersten Raum hatten wir Spielsachen und was man sonst so benutzte.« Ihre Tochter führt weiter aus: »Wir waren viele Kinder hier im Haus, wir gingen alle zusammen zur Schule.«

Die meisten hätten die Wohnung wegen ihrer Betriebszugehörigkeit zugeteilt bekommen, meint Frau Jütz, einige von den Bewohnern waren Widerstandskämpfer, manche wohl auch im Konzentrationslager. Die Hausgemeinschaft und der Kontakt untereinander seien gut gewesen. Man habe sich gegenseitig geholfen, gar Schlüssel der anderen Wohnungen aufbewahrt. Ihre Tochter führt aus, dass die Kinder des Aufgangs den ganzen Tag miteinander verbrachten: Sie gingen zusammen zur Schule und wieder nach Hause, spielten miteinander und haben sich oft besucht. »Wer geklingelt hat, kam rein und wurde bewirtet«, sagt sie und ergänzt, dass die Wohnung, in der wir uns befinden, dabei oft das Zentrum war: »Meine Eltern hatten den ersten Fernseher im Haus. Dann sind immer alle zum Latschenkino gekommen.« Später, als die Kinder größer wurden, habe es auch Liebesbeziehungen gegeben. Man heiratete und zog zusammen, im selben Haus, vielleicht sogar im selben Aufgang, in dem man aufgewachsen war. Stellte sich Nachwuchs ein, wurden Wohnungen kurzerhand getauscht: Zwei- gegen Dreiraumwohnungen. Das wäre heute ja gar nicht mehr möglich, bedauern beide.

Die Welt, sie war kleiner als heute, enger, aber auch heimeliger. Ob sie kritische Punkte sehen?

Überwachung durch die Staatssicherheit, gar Spitzel innerhalb der Hausgemeinschaft? Ein Leichtes muss es doch gewesen sein, hier andere zu beobachten und über sie zu berichten. »Es waren auch Genossen, die hier gewohnt haben«, erinnert sich Tochter Jütz. »Dadurch, dass mein Vater weltoffen eingestellt war, gab es allerdings nie Probleme. Zwei Brüder von ihm waren im Westen. Dass wir durchs Telefon abgehört wurden, wussten wir und haben uns einen Jux draus gemacht.« Ein besonderes Verhalten wurde von ihnen als Bewohner des Hauses nicht erwartet, wendet ihre Mutter ein: »Zum 1. Mai musste man nicht die Fahne raushängen, aber wer es gemacht hat, hat es gemacht. Jetzt sind die Fahnenhalter ab.« Die Tochter führt an, dass diese Freiheit auch dem Umstand geschuldet war, im hinteren Teil der Pracht- und Paradestraße zu wohnen. Weiter in Richtung Alexanderplatz, am Straußberger Platz, hätten ›die Großen‹ gewohnt, hier hinten habe man nicht mehr so genau drauf geachtet, wie die Bewohner sich verhielten. Mit den ›Genossen‹ habe man sich gut vertragen, auch diese hätten mit ihnen Westfernsehen gesehen.

Es gab eine Zeit, da überlegte die fünfköpfige Familie, in eine größere Wohnung zu ziehen. Fünf Zimmer wurden ihnen angeboten. »Das war uns aber viel zu groß«, erinnert sich Ingeborg Jütz an ihre Kindheit. Aus ihrer Wohnung, in der sie nun schon seit mehr als fünfzig Jahren leben, wollen beide nicht ausziehen. Noch heute geht die 93-jährige Frau Jütz jeden Tag mit ihrem Rollator auf der Allee spazieren. Im Sommer sitzt sie gern auf einer der Bänke vor dem Haus. Früher gesellten sich öfter Erstbewohner dazu. »Die werden immer weniger. Vom Erstbezug lebt außer mir fast keiner mehr.«

Wir Berliner servieren Weltstadt-Cocktails.
Shopping-Cocktail
Kunst-Cocktail
Fun-Cocktail
Weekend-Cocktail
Pop-Cocktail
Partner-Cocktail

»MAN HAT DAS GEFÜHL, MAN KANN SICH AUCH WEHREN.«

Florian Peters, Marcus Grätsch, Michael Heinke

Florian, Marcus und Michael empfangen uns in ihrer Dreiraumwohnung im Hochparterre, in der es trotz der großen Hitze draußen angenehm kühl ist. Die drei sind viel unterwegs, Florian arbeitet in Potsdam, Michael in Leipzig. Marcus ist Inhaber der inzwischen geräumten Kiez-Kneipe Meuterei und war gerade längere Zeit in New York, wo er sich für das Left Forum engagiert, die größte jährliche Konferenz der amerikanischen Linken. Umso mehr freuen wir uns, einen Termin gefunden zu haben, an dem alle drei zu Hause sind.

Diejenigen, die ursprünglich die Wohngemeinschaft gegründet haben, leben nicht mehr hier. Marcus hatte kurz nach der Gründung der WG ein Zimmer bezogen, Florian einige Jahre später und vor wenigen Monaten stieß Michael dazu. Was früher in Berlin selbstverständlich war, die hohe Fluktuation in Wohngemeinschaften, ist mittlerweile meist kaum noch möglich. »Der Eigentümer wollte uns raushaben«, sagt Florian, »wegen unerlaubter Untervermietung. Weil wir hier mehrere Wechsel hatten in der WG.« Anfangs habe der Eigentümer den neuen Untermietern noch zugestimmt, irgendwann nicht mehr. »Wir haben erst mal so weitergemacht«, führt Florian aus, »und dann, dann haben sie uns das nicht genehmigt und auf Räumung geklagt.«

Die drei, die sich in mietrechtlichen Belangen mittlerweile sehr gut auskennen, erhoben Gegenklage und gewannen. Wirklich Angst, von heute auf morgen die Wohnung zu verlieren, hätten sie nicht gehabt. »Obwohl«, wendet Michael ein, »die Androhung der Räumungsklage war schon ein komisches Gefühl.« Das, was sie hier erfahren haben, ist ein Prozess, der sich in Berlin schon seit einigen Jahren abzeichnet. Wohnraum – als Wertanlage und Mietobjekt – wird zu einem mehr und mehr umkämpften Terrain. 2009 gab es eine erste große Demonstration gegen den Ausverkauf des innerstädtischen Wohnraums, die Marcus zum Anlass nahm, eine Mieterinitiative zu gründen: »Ich habe damals gedacht, warum engagieren wir uns nicht auch hier.« Ein Impuls war, dass er sich selbst bedroht fühlte, hatte doch gerade der Besitzer des Blocks, in dem auch die WG lebt, eine umfangreiche Sanierung und Modernisierung angekündigt: »Ich habe immer viel Politik gemacht. Und dann dachte ich, du musst auch aktiv werden, wenn es dich selber betrifft, kannst nicht einfach wegziehen.« Nachdem er Florian und Michael davon erzählt hatte, gründeten sie eine Interessengruppe, aus der die Mieterinitiative hervorgegangen ist. Florian sagt, dass es bei den Älteren schon bestehende Netzwerke gegeben habe. »Die hatten sich ja schon mal abgesprochen und waren länger aktiv«, ergänzt Marcus.

Ihr erstes großes Anliegen war zu informieren und zu beruhigen, auch, indem sie aufklärten, was im schlimmsten Fall passieren könne. Ein Vorhaben, das schnell Erfolg zeigte, so Florian: »Der extreme Leidensdruck war dann weg, weil viele auch gemerkt haben, man kann sich wehren. Was man den Älteren manchmal auch erst beibringen musste. Ich bin bei denen in den

Wohnungen gewesen und habe deren Unterlagen durchgesehen.« Marcus hält diese Aktion für eine der interessantesten, die er je gemacht hat: »Mir war von Anfang an bewusst, dass es wirklich um was geht, anstatt nur so ein bisschen Symbolpolitik zu machen.« Florian wiederum findet es vor allem gut, dass man zueinander gefunden hat: »Klar, es sind Riesenblocks, es ist dicht an der Straße, man ist relativ anonym«, sagt er. »Man hat mit Leuten aus dem eigenen Aufgang Kontakt. Auch nicht mit allen, mit einigen nur.« Spannend sei es gewesen, die Menschen kennenzulernen, mit denen man unter einem Dach lebe. Sehr verschieden seien diese, »von der Generation, vom Hintergrund, Ost und West«, so Florian. »Migrationshintergrund gibt's bislang nicht so viel. Das kommt jetzt erst mit den Wohnungsverkäufen. Franzosen, Spanier, Italiener. Das ist der letzte Schritt, der mit der Umwandlung einhergegangen ist. Diese Mischung kennenzulernen und die Mentalitäten, das fand ich sehr schön.« Es sei bisweilen auch ermüdend gewesen, weil man nicht immer effektiv sein konnte und viel Zeit damit verbringen musste, die Leute überhaupt erst einmal zusammenzubringen. »Aber natürlich«, sagt Florian, »ist es auch sehr befriedigend. Eine tolle Erfahrung.« Und immerhin, in dieser Zeit sei kaum jemand ausgezogen, auch wenn gerade die älteren Menschen sich sehr bedroht gefühlt hätten. Marcus bekräftigt und bringt ein konkretes Beispiel: »Die Bilder, die hier gezeigt wurden, um die Eigentumswohnungen zu verkaufen, das war eine fürchterliche Form. Immer junge Menschen auf den Fotos. Für die Älteren war das so, als wäre das gegen sie gerichtet.«

Die Aktivitäten haben jetzt nachgelassen, die Lage hat sich nach dem Verkauf der einzelnen Wohnungen etwas entspannt. »Am Anfang ist ja das Gefühl gewesen, man wird jetzt rausgeekelt und vor die Tür gesetzt«, sagt Florian, »gerade bei den Älteren war das eine krasse existentielle Befürchtung. Und das hat sich ja erst mal ein bisschen beruhigt.« Wie es nun weitergeht? Marcus meint, es habe die Idee bestanden, so lange weiterzumachen, bis die Dachgärten wieder von den Bewohnern betreten werden könnten und die Gemeinschaftsräume wie früher offen für alle seien. Ein wenig bedauert er es, manchmal nicht offensiver aufgetreten zu sein: »Wir waren zu zaghaft, wir hätten mehr Medienarbeit machen sollen.« Die Medien seien interessiert an der Geschichte gewesen, an Alternativen zur Privatisierung von Wohnraum. Marcus kann hier auch auf seine Erfahrungen in den USA zurückgreifen, wo während der Finanzkrise 2007 der Immobilienmarkt zusammenbrach. »Es muss sich etwas verändern im Investitionsgefüge«, sagt er, »das heißt, diese Eigentumswohnungen, das ist ja fast schon eine Zwangsläufigkeit, weil das einfach viel Geld bringt. Und das macht das Leben miteinander einfach kaputt. Diese Initiative, die wir hatten, wer hier alles zusammenkommt: Ost–West, jung–alt. Das hatte alles so viel Potential für die Berichterstattung. Und für Druck. Und dann kann man ja alle möglichen Forderungen stellen.«

Florian sieht einen der großen Gewinne ihrer Initiative darin, dass sie Teil hatten an einer größeren Politisierung: »Ein bisschen was haben wir in die Richtung auch gemacht und die Medien sind auch drauf angesprungen.« Sich geschlossen einzubringen, Zusammenhalt zu zeigen, um ein starkes Organ zu sein, das sei nicht immer einfach gewesen: »Das ist auch deshalb schwierig, weil alle Initiativen aus einem Selbstverteidigungskurs heraus entstanden sind. Das ist einfach so.« Berührungsängste habe es gegeben, vor allem mit der ehemaligen Hausbesetzerszene: »Da hat man wirklich

Wir Berliner servieren Weltstadt-Cocktails.
Shopping-Cocktail
Kunst-Cocktail
Fun-Cocktail
Weekend-Cocktail
Pop-Cocktail
Partner-Cocktail
BERLIN
Wir freuen uns auf Dich!

große Probleme, mit dem alten DDR-Milieu zusammen was hinzubekommen. Die Vorbehalte gegen die ganzen ›Ausländer‹, die in den Friedrichshain kommen. Das ist alles etwas, wo man in unserer Generation erst einmal zusammenzuckt.«

Die unterschiedlichen Mieterinnen und Mieter haben sich zusammengerauft und wollen auch weiterkämpfen, möglicherweise in anderer Form und in kleineren Zusammenschlüssen. In ihrer Wohnung wollen Florian, Marcus und Michael bleiben, sie fühlen sich hier und im Kiez wohl. »Es hätte schlimmer kommen können«, sagt Florian, »mit einem Immobilienhai, der erst einmal alles kaputt macht und alle Mieter unter Druck setzt«. So viel habe die Mieterinitiative, der Austausch mit den Mitstreitern, die Klage und die damit verbundene Zusammenarbeit mit den Anwälten gezeigt: »Man hat das Gefühl, man kann sich auch wehren.«

Wir reden noch lange über das Berliner Mietsystem und den Wohnungsmarkt, der sich in den kommenden Jahren wohl weiter verschärfen wird. Was man dagegen tun könne? Die drei haben Ideen: die Subventionierung von Mietwohnungen und die Einführung von Obergrenzen für Mieten zum Beispiel. Florian fasst zusammen, dass in einer so großen Stadt wie Berlin natürlich viele unterschiedliche Lebensentwürfe aufeinanderprallen. Wer allerdings in Zukunft hier leben könne, das würde sich jetzt entscheiden. »Wer kann diese Eigentumswohnungen bezahlen«, sagt er, »das sind nicht die, die seit zwanzig, dreißig Jahren hier leben. Sondern das sind solche, die woanders herkommen. Wie soll das dauerhaft funktionieren?«

tzt Occupy
„Ich beginne zu glauben, dass die Linke recht hat"
Tapetenwechsel
WENN JA, DANN SCHON.
Sonst nicht.
Lasst euch also nicht anstecken von diesen ewigen Schwarzmalern, meine Freundinnen!
Wehrt euch!
DAT ZULLEN WE NOG WEL EENS ZIEN!
TATI

VERGISS
NIE DEINE
GROSSE
MISSION.*

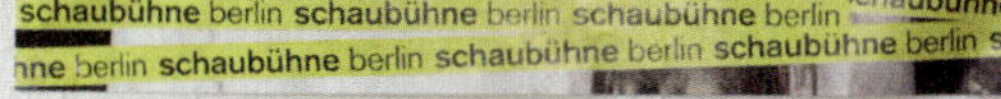
schaubühne berlin schaubühne
schaubühne berlin schaubühne berlin schaubühne berlin
schaubühne berlin schaubühne berlin schaubühne berlin

NESTOR MACHNO
1. Mai
Naziaufmarsch Stoppen!
Frankfurter Allee für Alle!
Berlin

NICHTS IST
BESSER ALS
GAR NICHTS

ZURÜCK ZUR
NATUR
Kieler Woche 2009

»ALLET, ALLET WAREN JENOSSEN.«

Christel und Artur Sahr

Die Wohnungen entlang der Allee, so zumindest das Versprechen, sollten für jeden DDR-Bürger verfügbar sein. Tatsächlich handelte es sich jedoch um Prestigebauten, die mitnichten den realen Wohnumständen der breiten Masse entsprachen. Ihre Errichtung blieb zudem nicht folgenlos für die Umgebung, denn der Aufbau bedeutete zunächst neben der Enttrümmerung auch den Abriss bestehender Wohnviertel.

Artur Sahr hat sein ganzes Leben in unmittelbarer Nähe zur Allee verbracht. In der Palisadenstraße, die einst parallel zur Großen Frankfurter Straße verlief, führte sein Großvater fast 60 Jahre lang einen Friseursalon in einem der damals in Berlin weit verbreiteten Hochparterreläden. Die dazugehörige Wohnung befand sich im Keller, die Toilette im Hinterhof. Sahrs Großvater, darauf ist der Enkel stolz, war für Modernisierung, bewirkte unter anderem, dass die Gasleitungen gegen Elektroleitungen ausgetauscht wurden. Der Friseursalon bestand schon zur Zeit der Industrialisierung, hat den Ersten Weltkrieg überstanden, die Weimarer Republik und die Zeit des Nationalsozialismus. Selbst beim Einmarsch der russischen Truppen, als das Gebiet um die Palisadenstraße in Schutt und Asche gelegt wurde, blieben Haus und Laden stehen.

Die Trümmer und Ruinen, das Berlin der Nachkriegszeit, waren für den jungen Sahr trotz aller Einschränkungen ein großes Abenteuer. Unmittelbar vor seiner Haustür sah er die Trümmerbahn fahren, eine Schmalspurbahn mit Dampflokomotive, die das, was nicht mehr wiederverwertet werden konnte, von der Baustelle der Stalinallee wegbrachte. Diese Baustelle, die größte Berlins, lag auf seinem Schulweg. Obwohl noch Schüler, hat Artur Sahr sich hier am Nationalen Aufbauprogramm beteiligt: »Mein Opa sollte auch mit 70 noch Aufbaustunden leisten. Da bin ich dann gegangen«, erklärt er diesen Umstand, der für ihn eine Selbstverständlichkeit war. Die Schule besuchte der 1941 Geborene gemeinsam mit einem Sohn von Hermann Henselmann, einem der Architekten der Stalinallee, sowie einem Sohn des späteren DDR-Widerständlers Robert Havemann. Beide lebten mit ihren Familien in einem der neu errichteten Gebäude. Einmal war der junge Sahr dort zu Gast. Dass er viele Jahre später selbst einmal in einer dieser Wohnungen leben würde, war für ihn damals unvorstellbar.

1958 starb der Großvater und seine Mutter übernahm den Friseursalon, bis ihr Sohn sie ablöste, den prügelnden Vater hatte sie einige Jahre zuvor schon vor die Tür gesetzt. Das Friseurhandwerk erlernte Sahr in der Nähe vom Bahnhof Ostkreuz, am äußersten Rand des Bezirks Friedrichshain. Sein Vorgesetzter, der »Meester«, eröffnete ihm eines Tages, dass er ihm nichts mehr beibringen könne und empfahl ihn zu einem mit ihm bekannten Friseur in West-Berlin. Vier Monate lernte Artur Sahr hier das Schaufrisieren, bereitete sich auf internationale Wettkämpfe vor, konnte gar aus Haaren Blätter formen. »Ist ja alles nur zum Ansehen jewesen, praktisch war das nicht«, sagt er beim

Blick auf die alten Bilder, die ihn bei Wettkämpfen zeigen. »Ein paar leben noch von den Leuten«, ergänzt seine Frau. Am 12. August 1961 sei er noch zur Arbeit gefahren, bevor der Bau der Berliner Mauer den Weg für Jahrzehnte abschnitt. Kurz darauf erreichte ihn ein Brief seines Ausbilders: »Schade, Herr Sahr, dass das so gekommen ist, ich hätte Ihnen gern meinen Laden übergeben.«

Einsicht in seine Akten bei der Staatssicherheit hat Sahr nie beantragt, aber eine Akte bekam er dann doch irgendwann zu Gesicht. Ein ›G‹ prangte dort, Grenzgänger. Rückblickend kann Artur Sahr nicht mehr genau sagen, ob er damals unter diesem Stigma litt, vielleicht möchte er sich auch nicht erinnern. Durchgewurschtelt habe er sich, sich selbstständig gemacht, was in einem Land, in dem Betriebe doch zu Volkseigentum erklärt worden waren, kein einfaches Unterfangen war. »Ich hätte mich auch nicht selbstständig gemacht, wenn ich nicht den Laden geerbt hätte«, so Artur Sahr. Und dann wurde Anfang der 1960er-Jahre begonnen, die Palisadenstraße und umliegende Straßenzüge abzureißen. »Die Häuser haben sie alle weggesprengt. Deswegen mussten wir raus, mussten uns selber einen Laden suchen.« Den fanden sie in der Niederbarnimstraße an der Ecke zur Stalinallee, die hier seit 1961 Frankfurter Allee heißt.

Die Handwerksgeräte, Trockenhauben und Brennscheren konnten sie mitnehmen, einen Ausgleich für den Verlust des Geschäfts erhielten sie nicht, auch nicht für die Marmoreinrichtung, die sein Großvater hatte einbauen lassen. In den neuen Salon investierten sie erneut, hatten bald die fortschrittlichste Ladeneinrichtung des Bezirks: »In dem neuen Laden hatten wir alles modern machen lassen«, erinnert sich Sahr, »das war erst noch das ganz Alte und nachher war alles mit Sprelarcart«. 1964 legte er seine Meisterprüfung ab und konnte nun, 23-jährig, den Laden offiziell führen. ›Die von oben‹ hätten ihn während seiner Berufsausübung in Ruhe gelassen: »Das Einzige, was wir Private machen mussten, war das Handwerkerlehrjahr besuchen. Das war eine politische Schulung, danach waren wir dann alle aus dem Schneider.« Er heiratete, bekam zwei Söhne, ließ sich scheiden und heiratete 1986 seine jetzige Frau Christel. Kennengelernt hat er sie – natürlich – in seinem Friseursalon, in dessen unmittelbarer Nähe beide damals wohnten. Das kleine große Glück, das durch die Einrichtung eines neueren, größeren Ladens zwei Häuser weiter gekrönt wurde.

Wovon sie damals träumten? Von einer Wohnung in der Allee, in die für sie kein Weg führte: »Wenn man schon ringekommen ist in die Häuser, ist es im Winter warm gewesen«, so Artur Sahr. »Und bei uns im Hausflur kalt ... Da habe ich gedacht, gehste abends noch in die Badewanne. Ach ne, da musste ja noch in Keller gehen, Holz und Kohlen holen.« Und Christel Sahr stellt fest: »Die Wohnungen sind einwandfrei, da kann man nicht meckern.« Dort einzuziehen? Beide meinen, dass das für Nichtparteimitglieder nicht möglich gewesen wäre: »In erster Linie waren ditt allet Jenossen. Allet, allet waren Jenossen. Auch wenn sie mir immer erzählen wollten, die Wohnung hat's gegeben als Auszeichnung für Aufbaustunden und so, trotzdem waren das alles Genossen. Ich kannte se ja alle, weil wir um die Ecke den Laden hatten.«

Die Wende erlebten sie als einschneidendes Ereignis, sagt Christel Sahr: »Im Grunde waren wir ausgehungert. Da wurde uns die heile Welt vorgegaukelt, aber das ist ja auch nicht alles besser, wie wir es heute haben. Schlecht haben wir in der DDR nicht gelebt.« Ein wenig Ernüchterung schwingt mit, wenn sie über die Zeit nach

der Wiedervereinigung und die vielen sich anschließenden Veränderungen berichten. Den Becher aber, aus dem sie am 9. November 1989 Sekt getrunken haben, besitzen sie noch heute.

1996 schließlich kam es zum lang ersehnten Einzug in eine Wohnung in der Allee. Die erste Zeit in der vormals eng verbundenen und über Jahre gewachsenen Hausgemeinschaft, die gerade erst aufzubrechen begann, war nicht einfach. »Ich war in den ihren Augen Kapitalist. War ja selbstständig«, meint Artur Sahr und ergänzt: »Wenn se zum Haare machen kamen, war ja alles ok, aber wenn wir hier so 'ne Wohnung hatten, das war dann schon nicht mehr so jewollt.«

2004 ging Sahr in Rente und gab seinen Laden auf. Einen Frisiertisch, eine Trockenhaube und kleinere Utensilien nahm er mit in die Wohnung und richtete im geräumigen Flur einen kleinen Salon ein. Färbemittel im Regal, Bürsten auf den Ablagen, Frisieren auf telefonische Anfrage. Auch Bewohnerinnen und Bewohner des Hauses kommen nun zu ihnen in die Wohnung. Christel Sahr, die gelernte Krankenschwester, hilft den Nachbarn manchmal bei der Gabe von Medikamenten oder bei kleineren Verletzungen. Und ab und an lädt sie die ehemaligen ›Jenossen‹ zum Essen ein. »Warum sollen wir nachtragend sein«, meint sie, »sie haben sich geändert«.

SAMSUNG
Banken und Finanzen
Auto
Steuern und Abgaben
Ausbildung und Beruf
Versicherungen
Haus und Wohnung
Mein Kontobuch

Werkzeug
Fachkatalog
AZARGA

»VIELLEICHT BIN ICH ZUR FALSCHEN ZEIT HERGEKOMMEN.«

Cécile Wagner

Cécile Wagner bewohnt zwei Zimmer im sechsten Stock. Das Wohnzimmer befindet sich an einer Hausecke, von hier aus hat man einen fantastischen Blick über die Allee. Zwischen die Doppelkastenfenster aus der Zeit der Erbauung, die in den meisten Wohnungen schon ersetzt wurden, hat sie Stoff zur Isolierung gelegt. Es zieht, aber eigentlich möchte sie die Fenster doch gern behalten, sie würden einen eigenen Charakter haben und wären ja immerhin Originalsubstanz.

Cécile wohnt seit 2013 in der Wohnung, die ihr Vater 2007 angemietet hatte. Der Fotograf und Webdesigner ist Dozent an der Berlin School of Popular Arts und suchte damals ein Atelier. »Peter wollte unbedingt ein Studio hier haben«, sagt Cécile. ›Hier‹ meint in der Allee. Später nutzte er die Wohnung zwar kaum noch, wollte sie aber gern halten. Und so zog Cécile, die in Steglitz aufgewachsen ist und vorher in mehreren WGs in Berlin-Neukölln gelebt hat, ein. Der Gedanke, in einem Ostberliner Bezirk zu leben, sei für sie zunächst ungewohnt gewesen: »Mich hätten keine zehn Pferde nach Friedrichshain gebracht, ich bin ein Westkind. Meine Freunde wohnen auch mehr Richtung Westen.« Langsam würde sie sich an den Kiez herantasten, auch wenn es ihr schwerfalle. Cécile meint, dass sie sich in anderen Bezirken mehr zu Hause fühle: »Ich nutze auch das Angebot an Kinos, Bars und anderem selten. Das liegt aber auch daran, dass meine Freunde hier nicht leben.« Dabei war sie früher oft in dem Bezirk unterwegs, dem man gern das Attribut ›Szene‹ verpasst. »Als Teenager fand ich Steglitz schrecklich und habe es verteufelt«, erzählt sie. »Ich bin immer nach Friedrichshain gefahren.«

25 Jahre nach der Wende sind der Ost- und der Westteil Berlins weiterhin unterschiedliche Welten, wie auch Cécile erfahren musste. »Wenn ich jetzt nach Steglitz zurückfahre, merke ich, dass ich doch sehr an Westberlin hänge. Ich habe dort auch das Gefühl, dass man dort mehr Berliner und Berlin bekommen kann.« Aus Neukölln sei sie damals weggegangen, weil sich dort vieles veränderte. »Die Mieten haben sich verdoppelt und die Leute wurden reihenweise rausgeschmissen.« Nach Friedrichshain kam Cécile, als der Prozess der Gentrifizierung bereits weitgehend abgeschlossen war, Mietwohnungen in Eigentum umgewandelt wurden und sich die Bevölkerungsstruktur des ganzen Viertels veränderte. »Vielleicht bin ich zur falschen Zeit hergekommen. Jetzt, wo sich auch hier alles verändert«, resümiert sie.

Wir stehen noch immer am Fenster, blicken auf die Bänke, die die Allee säumen und auf denen auch Cécile oft sitzt, um zu lesen oder sich zu sonnen. Der Blick fällt nach links, auf die Terrasse der ehemaligen Gaststätte Haus Bukarest. Hier, wo heute die Filiale einer großen Bank ist, konnte man einst auf zwei Etagen rumänisch essen und vom großen Außenbereich aus dem Treiben auf der Allee zusehen. »Es wäre so schön, wenn dort wieder ein Café oder Ähnliches hineinkäme. Das ist perfekt. Ich würde nur dort sitzen«, meint Cécile.

Auf die Frage, wie gut sie ihre Nachbarn kennt, gibt Cécile an, nur zu einigen wenigen Kontakt zu haben. Die Bewohner des Aufgangs, in dem ihre Wohnung liegt, seien nett, der Kontakt würde aber nicht zu eng werden. Die meisten leben allein, vor allem Jüngere seien es. »Ich habe noch niemanden über 60 hier gesehen«, sagt Cécile. Nur wenige kämen zudem aus Berlin, viele seien zugereist, auch temporäre Wohnungsvermietung sei in ihrem Hausaufgang verbreitet. Wenngleich es spannend sei, insbesondere mit Menschen aus unterschiedlichen Ländern unter einem Dach zu leben, wäre es doch auch einseitig: »Das ist schön und interessant, aber es gibt keine älteren Mieter mehr hier.«

Cécile wurde 1989 geboren. Sie macht gerade ihren Master in Kulturwissenschaft, vorher hat sie im Berliner Ensemble im Bereich Kostümbild hospitiert und dann bei Filmprojekten unter anderem als Regieassistentin, aber vor allem in der Kostümabteilung mitgearbeitet. Dass sie in so einer großzügigen Wohnung leben kann, empfindet sie als Privileg: »Es ist ein Luxus, den ich haben kann. Ich habe das Gefühl, ich brauche den Raum und den Platz für mich. Gerade in einer Stadt wie Berlin, wo man immer von vielen Menschen umgeben ist. In der Universität, oder auch unterwegs.«

Cécile verwendet viel Zeit für die Wohnungseinrichtung, auch einige Gegenstände ihres Vaters befinden sich darunter. »Eigentlich«, fasst sie zusammen, »habe ich in der Wohnung nichts gekauft. Alle Möbelstücke sind von den Eltern oder auf der Straße gefunden.« Besonders schön an der Wohnung findet sie neben dem Ausblick und der Sonne, die den ganzen Tag hineinscheint, den praktischen Grundriss. Die kleinen Details mag sie sehr gern, so die Einbauschränke, in die so viel hineinpasst. Nur das Badezimmer, das sei für heutige Verhältnisse sehr klein, und dass es kein Fenster habe, sei doch recht unkomfortabel.

Auf das im Regal stehende Mitropa-Geschirr angesprochen, erzählt Cécile, sie habe eine familiäre Verbindung zur DDR, ihr Großvater stamme aus Leipzig. Das Mitropa-Geschirr wurde einst für das in den 1980er-Jahren legendäre Café M in Schöneberg angeschafft, bei dem ihr Vater Mitinhaber gewesen war. Cécile selbst hat den Osten Berlins erst nach dem Fall der Mauer erlebt: »Ich bin genau 1989 im Mai geboren. Meine Eltern sind mit mir nach der Wende immer in den Osten gefahren und ich fand das so schlimm. Es war grau, es gab nichts. Es waren überall nur diese Oberleitungen. Es wurde überall gegraben und gebaut. Meine Eltern fanden das aber sehr spannend. Und dann waren wir gefühlt permanent im Osten.«

Heute findet sie das Gebiet der einstigen Hauptstadt der DDR aufregend, durchstreift gemeinsam mit ihrem Freund die Hochhaussiedlungen der Ostberliner Randbezirke: »Ich finde es spannend, mit ihm durch Lichtenberg und Hohenschönhausen zu fahren. Sein Großvater wohnt auch noch in Lichtenberg in einem dieser Hochhäuser, die im Übrigen auch super geschnitten sind.«

Mittlerweile sind wir mit unserem Wohnungsrundgang im zweiten Zimmer angekommen, das von der Frankfurter Allee weggerichtet liegt. Auch von hier aus kann man weit blicken, die Straße bis zur Kreuzung mit den letzten Wohnprojekten Friedrichshains hoch, links und rechts Blocks aus DDR-Zeiten: »Am Fenster zu stehen ist wie ein Panoptikum. Ich stehe teilweise abends eine halbe Stunde am Fenster und beobachte die Leute«, erzählt uns Cécile. Und so konnte sie auch beobachten, wie sich die Bewohner der Gebäude, in denen einst vor allem sozial schwächere Menschen lebten, verändert

haben: »Da waren früher nur Freaks drin und jetzt ist niemand mehr von denen da.« Nebenan, auf einer verwilderten Brachfläche, auf der noch die Grundmauern einstiger Wohngebäude standen, ist ein vollkommen neues Stadtviertel mit mehreren hundert Wohneinheiten, die meisten Wohneigentum, entstanden. »Die neu gebauten Häuser nenne ich immer die toten Gebäude. Das ist ja auch eine gated community«, kommentiert Cécile.

Ob sie hier wohnen bleiben möchte? Sie überlegt ein wenig. Sollte sie mit ihrem Freund zusammenziehen, wäre die Wohnung wohl zu klein. Aber: »Mir würde es sehr schwerfallen, hier auszuziehen. Die Wohnung fühlt sich an wie mein Zuhause.«

Cakes-Fabrik
H.BAHLSEN

C1 Tschaikowskistr. 25
Stadtbezirk Mitte
Eigentümer: Gertrud Fischer Tschaik.Str. 25

IV. Stock Schmidtchen

III. "

II. "

I. " W. Dietrich

Erdgesch. WOLFF

Hausbeauftragter:
Straßenbeauftragter:

Notruf: Feuerwehr 112 Unfall 115
Nächster Feuermelder: Tschaik.Str.-Ecke-Fregestr.
Nächste Fernsprechstelle: Waldplatz
Polizei-Revier: Gustav-Adolf-Str. 47 * Notruf: 110

»ICH BIN JA JETZT DER METHUSALEM.«

Gerhard Hupe

Gerhard Hupe bittet uns in seine Wohnung, in der er seit dem Tod seiner Frau allein lebt. Vor vier Jahren bekam sie die Krebsdiagnose. »Am 23. Dezember war Schluss mit lustig«, sagt er. Und: »Ich hätte sie gern noch ein bisschen gehabt.« Er erzählt von der viel zu kurzen gemeinsamen Zeit, die ihnen blieb, der Behandlung im Krankenhaus und seinem neuen Leben, in das er sich nun ohne sie einfinden muss. Wir sitzen um einen Tisch in dem großen Flur, der als Esszimmer mit Anrichte und vier Stühlen dient. Herr Hupe hat Kaffee gekocht und Stollen bereitgestellt.

Aufgewachsen ist Gerhard Hupe im nördlichen Harzvorland bei Quedlinburg. Auf eine erste Ausbildung, die er mit 14 Jahren begonnen hatte, und die Meisterprüfung folgten ein Studium für Kraft- und Arbeitsmaschinen und später ein Fernstudium, das er 1966 mit Diplom abschloss. Anschließend hat er in der chemischen Industrie gearbeitet. Immer war er dabei für Kraftwerke zuständig, das ist ihm wichtig zu betonen. »Es gibt kein einziges Kraftwerk, was ich nicht gesehen habe«, sagt er, das schließe sogar die beiden Kernkraftwerke der DDR mit ein. »Doch eins«, fügt er nach einer kurzen Pause hinzu, habe er viel später zu Gesicht bekommen, »das Kraftwerk Peenemünde erst nach der Wende, weil sich an der Ostsee immer alle vorgedrängelt haben.«

Seine spätere Ehefrau lernte Gerhard Hupe 1969 kennen, er folgte der gebürtigen Berlinerin kurze Zeit später in die Hauptstadt. »Ich hatte eigentlich die Absicht, sie mit zu mir zu holen. Aber sie hatte nicht so richtig Lust und es war ja vielleicht auch nicht verkehrt«, fasst er zusammen. Aufgewachsen war seine Frau in einer Stichstraße zur neu entstehenden Allee und hatte »in ihrer Jugend das ganze Baugeschehen schon immer aufmerksam verfolgt«. Sie war es, die auch gern auf dem Boulevard leben wollte, einmal mehr, als ihre Eltern in den 1970er-Jahren in eine Wohnung über der weit über die Grenzen Berlins hinaus bekannten Karl-Marx-Buchhandlung einziehen konnten. Die Gelegenheit, selbst in einen Stalinbau zu ziehen, ergab sich allerdings erst 1985, als das Ehepaar schon 14 gemeinsame Jahre in Berlin verbracht hatte. Ermöglicht wurde dies durch das Attest seiner Frau, die aufgrund einer Lungenkrankheit »Anspruch auf eine fernbeheizte Wohnung« hatte. Diese gab es in größerer Zahl vor allem in den Neubauten, den ab den 1970er-Jahren in Berlin im großen Umfang errichteten Gebäuden in Plattenbauweise, deren Entstehen sie aufmerksam verfolgt hätten: »Wir haben beide die Phase der Ersatzbauten gesehen und besichtigt.« Allerdings gab es auch in den Gebäuden der Allee eine Fernheizung und so zogen sie schließlich in die Zweiraumwohnung, in der Herr Hupe auch heute noch lebt. Gegen den Widerstand innerhalb der Hausgemeinschaft sei das geschehen, denn einige der Mieter wollten den begehrten Wohnraum jemand anderem zur Verfügung stellen.

An die ersten Jahre nach dem Einzug erinnert sich Herr Hupe gern, an den Zusammenhalt und die gemeinsamen Aktivitäten: »Im Fahrradraum hatte jeder seine Flaschen und sein Altpapier. Das wurde dann abgegeben und mit dem Geld wurden Feten gemacht.« Diese wiederum fanden vorwiegend auf den großen Dachterrassen statt, die für die Hausbewohner jetzt nicht mehr zugänglich sind. Anders als heute habe es eine echte Gemeinschaft unter den Hausbewohnern gegeben. »Auch wenn das Zusammenleben teilweise verordnet war, es hat doch funktioniert.« Das sei etwas, das er vermisse, sagt Herr Hupe. Auf die Frage, wie er zur DDR stand, antwortet er: »Man war nicht vom Gegenteil überzeugt.«

Viel habe sich seitdem verändert, wobei der Fall des Eisernen Vorhangs nicht nur mit dem Unterschied der gesellschaftlichen Systeme zusammenhinge: »Das hat nicht nur was mit Ost und West zu tun, sondern auch mit dem Fortschreiten der Globalisierung.« Insbesondere in den letzten Jahren, so seine Beobachtung, habe sich mit der Wohnstruktur im Haus auch das Wohnumfeld enorm verändert. Alles sei so ganz anders, als es früher war: »Hier im Friedrichshain ist ja kaum noch ein Berliner da. Vor zehn Jahren ist es so richtig offensichtlich geworden. Erst hat es sich langsam entwickelt. Dann kam es wie eine Dampfwalze.«

Die Sprache kommt auf den abgerissenen Palast der Republik, an dessen Stelle gerade das vielfach umstrittene Stadtschloss gebaut wird. Asbest war damals die Begründung für den Abriss, dabei »wurden fast nur Westmaterialien verbaut«, kommentiert Gerhard Hupe. Er erinnert sich an seinen letzten Aufenthalt im Palast: »Wir waren bei der letzten Veranstaltung dort. Das war der letzte Jahrestag, der gefeiert wurde. Wo Erich Honecker eine Rede hatte, wo die ganzen Repräsentanten des Ostblocks da waren. Ceauşescu drehte schon nervös an seinen Fingern und wir standen noch im Foyer, da kamen Gorbatschow und Raissa ein bisschen verspätet an und blickten so, oh, oh, wir sind zu spät. Das fand ich so lustig.«

Bei einem zweiten Besuch ist Gerhard Hupe deutlich von Alter und Krankheit gezeichnet, schon längere Zeit war er auf der Straße nicht mehr zu sehen. Die Wohnung, so sagt er, würde er nur noch in Ausnahmefällen verlassen und auch die Kneipen und Gaststätten der Umgebung kaum noch nutzen. Mittlerweile seien die letzten Altmieter gestorben oder weggezogen, zuletzt der Maler Karl-Heinz Klingbeil, Jahrgang 1924: »Ich bin ja jetzt der Methusalem«, fasst Herr Hupe zusammen. Die, mit denen er Tür an Tür lebte, sie fehlten ihm, vor allem der Zuspruch der einstigen Nachbarin, die nach dem Tod seiner Frau immer wieder nach ihm gesehen habe. »Als es mir immer schlechter ging, hat sie manchmal eine Stunde bei mir am Bett gesessen und mir Mut zugeredet, bis der Körper sich wieder gefangen hat.«

Bei der Verabschiedung verweisen wir auf das entstehende Buch und versprechen, dass wir ihm natürlich ein Exemplar vorbeibringen werden. »Sie können ja auch mal zu einem Zwischenergebnis vorbeikommen«, entgegnet Herr Hupe, »dürfen Sie aber nicht zu lange warten«.

ERUSALEM

»ES IST EIN STÜCK GESCHICHTE HIER.«

Françoise Bertrand

Françoise Bertrand hat von unseren Besuchen durch ihre Nachbarn erfahren. Sofort kam ihr die Idee, uns zu unterstützen, zu helfen, vielleicht auch Kontakte zu vermitteln. Sie selbst habe schon oft gedacht, dass die Geschichte des Hauses, in dem sie lebt, dokumentiert werden müsse. Dass sie selbst als Protagonistin in ihrer Wohnung besucht werden sollte, das habe sie anfangs nicht für möglich gehalten. Erfreulicherweise lässt sie sich aber schnell davon überzeugen, an unserem Projekt teilzunehmen und uns ihre Geschichte zu erzählen.

Françoise hat eine ganz besondere Bindung an die DDR. Sie spricht nahezu akzentfrei Deutsch und beherrscht auch ungewöhnliche sprachliche Wendungen. Nur ganz selten merkt man an der Klangfarbe, dass sie bei Paris aufgewachsen ist. Die Germanistin entdeckte ihre Begeisterung für die deutsche Sprache und Deutschland schon während ihrer Schulzeit. Ihre erste Begegnung mit der DDR, so Françoise, fand in den 1960er-Jahren im Rahmen eines deutsch-französischen Sprachlagers in der DDR statt. Eine Verlegenheitsentscheidung sei es gewesen, an diesem Programm teilzunehmen, denn aufgrund von Platzmangel im elterlichen Haus kam für die Schülerin ein Schüleraustausch mit der Bundesrepublik nicht in Frage. Eine Freundin der Mutter riet: »Schick sie doch in die DDR, die können ja nicht kommen.« Und so ging das Mädchen für vier Wochen in den Osten Deutschlands. Dem ersten Sprachlager folgten weitere, erst noch als Teilnehmerin, später auch als Betreuerin. Bis heute hält Françoise den Kontakt mit Freunden aus dieser Zeit aufrecht: »Wir schwärmen immer noch davon.« Folgerichtig studierte sie dann auch 1975 ein Semester Germanistik an der Ostberliner Humboldt-Universität. Ihre Diplomarbeit schrieb sie zum Französischunterricht in der DDR, ihre Abschlussarbeit widmete sie der Vorschulerziehung und Ideologie in der SBZ/DDR zwischen 1945 und 1959.

Ihre erste Arbeitsstelle führte Françoise zurück in die DDR, an die Karl-Marx-Universität nach Leipzig, wo sie ab 1977 als ›Lehrer im Hochschuldienst‹ tätig war. Eine Umstellung, denn, so Françoise: »Es war ein großer Unterschied, die DDR im Alltag zu erleben oder im Sprachlager zu sein.« Nach drei Jahren ging sie zurück nach Frankreich, hatte aber einige Jahre später erneut Lust, im Ausland zu arbeiten. Den Zuschlag erhielt sie für die Universität in Potsdam, wohin sie im Oktober 1990 reiste. Erneut blieb sie drei Jahre. Auch später, als sie längst wieder in Frankreich war, war Deutschland immer präsent: »Ich hatte die vage Sehnsucht beziehungsweise Hoffnung, dass sich irgendwann eine Gelegenheit bietet, nochmals nach Deutschland zu gehen.« Hierfür sei für sie nur die einstige DDR in Frage gekommen, meint Françoise, da sie diese weitaus interessanter fand als die Bundesrepublik. Zudem »gefielen mir die Leute besser, sie sind bescheidener und zugänglicher«. »Frankreich und die DDR waren auch in vieler Hinsicht ähnlich«, berichtet sie weiter, »vor allem in Hinblick auf arbeitende Frauen und Kindererziehung«.

2009 nahm Françoise den letzten Job vor ihrer Verrentung in Deutschland an. Diesmal führte sie der Weg nach Berlin, wo sie für drei Jahre am Institut français tätig war.

Als die Zeit dort sich dem Ende entgegenneigte, merkte sie, dass sie viel vermissen würde: die Stadt, das Leben in Berlin und vor allem die Freundinnen und Freunde, mit denen sie über all die Jahre Kontakt gehalten hatte. »Ich wusste, ich muss wieder zurück nach Frankreich«, sagt Françoise, »dabei ist Berlin für mich wie eine zweite Heimat geworden«. Um regelmäßig zurückkommen zu können, überlegte sie: »Warum nicht eine Wohnung kaufen?« Da der größte Teil ihrer Freunde im Stadtteil Prenzlauer Berg lebt, suchte sie anfangs ausschließlich dort nach einer geeigneten Immobilie. Die Kaufsituation hatte sich hier allerdings schon so entwickelt, dass bezahlbarer Wohnraum kaum noch zu finden war. Dann entdeckte sie eine Anzeige für Wohnungen in den Stalinbauten, die 2012 vergleichsweise günstig erworben werden konnten. »Ich wollte nicht nach Friedrichshain«, gibt Françoise zu, »aber habe mir die Wohnung doch angesehen«. Gerade die Gebäude der einstigen Stalinallee hätten sie immer abgeschreckt, führt sie aus, viel mehr sagten ihr die Altbauten des Prenzlauer Bergs zu, der alte Charme der schmaleren Straßen. »Zu DDR-Zeiten mochte ich die Straße nicht«, fasst sie zusammen, »sie war mir zu kalt.« Aus reiner Neugierde habe sie dann doch einen Besichtigungstermin vereinbart, denn: »Ich wollte immer mal eine dieser Wohnungen von innen sehen.«

Die Skepsis gegenüber den Häusern schwand und Françoise sah sich weitere Wohnungen in den Stalinbauten an, die zum Verkauf standen. An den über viele Jahre nicht sanierten Gebäuden gab es große Bauschäden, sie überlegte lange, nahm vorerst Abstand von der Idee. Die Maklerin empfand sie als wenig hilfreich, daher erkundete sie dann auf eigene Faust die Häuser. Sie klingelte bei Mietern und sprach mit ihnen über ihre Erfahrungen. Gerade von denjenigen, die schon lange hier lebten, baten einige Françoise in ihre Wohnung und erzählten ihr ausführlich ihre Geschichte. »Das müsste man aufschreiben«, dachte sie schon damals.

Nachdem sie mehrere Wohnungen besichtigt und die Idee fast schon wieder verworfen hatte, sah sie sich die zwei Zimmer an, in denen wir heute stehen: »Und dann war es Liebe auf den ersten Blick!« Die Wohnung stand leer, das ist ihr wichtig zu betonen: »Ich hätte nie eine Wohnung entmietet.« Denn die Verdrängung ist ein Problem, dass sie aus eigenen Erfahrungen kennt. In ihrem Pariser Haus wohnten einst alle zur Miete. »Und plötzlich kamen amerikanische Fonds und du hattest die Wahl, entweder du bleibst und kaufst oder du gehst.« Bislang war sie regelmäßig alle zwei bis drei Monate für einige Tage in Berlin, nun, als Rentnerin, möchte sie gern länger bleiben.

Françoise gehört zur Hausgemeinschaft, ist hier fest etabliert, hat neue Freunde gefunden. Während unseres Gesprächs klingelt es an der Tür. »Bonjour«, schallt es aus dem Flur. Eine Nachbarin hat bemerkt, dass Françoise wieder hier ist und kommt vorbei, um ein wenig zu reden, auch auf Französisch. Françoise ist angekommen in ihrem Stalinbau. Sie trifft sich regelmäßig mit anderen Bewohnern des Hauses, man geht zusammen zum Italiener, der im Sommer seine Tische auf die Allee stellt, feiert zusammen Geburtstage, erlebt Gemeinschaft. Die vielen Eigentümer und auch die Mieter würden zusammenhalten.

Die Faszination für die DDR hat Françoise behalten und möchte sie für die Nachwelt bewahren. In einer Vitrine im Wohnzimmer befinden

Wismar
BERLIN

sich kleine Alltagsgegenstände, die typischen bunten Eierbecher in Huhnform, Bowlespieße mit bunten Fernsehtürmen als Griff. Auch eine FDJ-Bluse und eine DDR-Fahne sind darunter. Selbstverständlich bewahrt sie auch die Zeitungen aus den 1970er- und 1980er-Jahren auf, die sie bei der Renovierung des Bades im Mörtel gefunden hat. Sie wurden dort als Dichtmaterial verwendet. Während der Sanierungsarbeiten hatte sie versucht, so viel wie möglich im Originalzustand zu belassen, nicht nur die Struktur der Wohnung, sondern auch die Fliesen, die Einbauschränke bis hin zu den Türgriffen.

Dass sie nicht einfach nur hier wohnen möchte, sondern auch Teil der Hausgemeinschaft sein will, war für Françoise von Anfang an klar. Und so hat sie sich nach dem Wohnungskauf auch bei den Nachbarinnen und Nachbarn vorgestellt. »Ich war der Ansicht, ich muss mich mit meinen Nachbarn gut verstehen«, sagt sie, »und dann habe ich geklopft«. Eine besondere Beziehung verbindet sie mit einer älteren Dame, die bald ihren 90. Geburtstag feiern wird. Als sie sich bei ihr vorstellte, war die Stimmung anfangs allerdings alles andere als positiv: »Das war lustig mit ihr. Sie war die Kampfhenne«, erinnert sich Françoise nicht ohne ein Lachen. »Sie war total aufgebracht gegen die Leute, die hier neu einziehen«, und sei der Meinung gewesen, »das sind alles Kapitalisten«. Und dann, so berichtet Françoise weiter, »dann bin ich hingegangen und habe mich vorgestellt. Und wir sind Freundinnen geworden.« Mittlerweile lebt die einstige Nachbarin in einem Altenheim auf der Rückseite des Frankfurter Tors. Dort ist Françoise morgen mit ihr zum Kaffeetrinken verabredet.

Mit der Architektur der Gebäude hat sie sich ausgesöhnt. Wir sitzen nun auf dem Balkon, der auf einen Durchgang zwischen zwei Gebäuden hinausgeht. Francoise weist uns auf die unterschiedlichen Muster und Friese in den Kacheln hin: »Früher habe ich gedacht, das sind Stalinbauten und die sind alle gleich. Jetzt sehe ich, wie spannend das ist, dass die alle verschieden sind.«

»Es ist ein Stück Geschichte hier«, sagt sie – und ergänzt: »Ich bin jetzt wirklich sehr froh, dass ich nicht im Prenzlberg bin.«

ROTER
OKTOBER

»DAS MILIEU, DAS GESCHÜTZT WERDEN SOLL, EXISTIERT HIER GAR NICHT MEHR.«

Gudrun Prengel

Die Wohnung, in der Gudrun Prengel gemeinsam mit ihrem Mann lebt, lädt zu endlosen Entdeckungen ein. Fotos und Drucke, ein Tisch, auf dem ein mehrteiliges Service steht, und dann die vielen, vielen Bücher. Veröffentlicht in Verlagen der DDR und der Bundesrepublik, finden sich darunter belletristische Werke genauso wie Publikationen zu Kunst, Geschichte und Soziologie. Gudrun kann zu all den großen und kleinen Dingen etwas erzählen, zu dem Foto zum Beispiel, auf dem ihre Großeltern, ihr Vater und ihre Onkel neben Käthe Kollwitz sitzen. Verwandt seien sie miteinander, sagt sie nicht ohne Stolz in der Stimme.

Geboren wurde Gudrun 1942 in Schlesien. Sie studierte Germanistik und Nordistik in Greifswald und zog 1967 nach Ost-Berlin. Ihre erste Wohnung, die sie sich mit einer Freundin und deren Familie teilte, befand sich am Wriezener Bahnhof, unweit des heutigen Ostbahnhofs und des weltbekannten Techno-Clubs Berghain. »Eine richtige Arme-Leute-Gegend«, erzählt Gudrun, »mit Kneipen und 75-jährigen Nutten«. Aber es sei ein stabiles Wohnumfeld gewesen, man hatte sich hier eingerichtet. Mitte der 1970er-Jahre wurde das Gebiet abgerissen, weil die einstigen Mietskasernen den Blick auf das neu entstandene Verlagsgebäude des *Neuen Deutschland* nebst angeschlossener Druckerei störten: »Die haben uns 75 in die Luft gesprengt, ganze Straßenzüge plattgemacht. Gute Gründerzeitbauten, die man nur hätte entkernen und etwas sanieren müssen.« Bis heute bedauert sie es, nichts von der Hausbesetzerszene in West-Berlin gewusst zu haben: »Das gab's im Westen schon, Besetzung und Widerstand. Aber dann hat man eben abgerissen.« Sie habe sich in dem Viertel am Wriezener Bahnhof so wohl gefühlt, dass sie mitunter noch heute von dieser Zeit träume.

Gudrun Prengel musste gehen und zog mit ihrer Familie in die unmittelbare Nähe zum Zentralvieh- und Schlachthof, der noch, obwohl mitten in der Stadt gelegen, in Betrieb war. 1981, vor der Geburt ihres zweiten Sohnes, besetzte sie – damals durchaus üblich – eine größere Wohnung. Von hier aus sah sie, wie sie es ausdrückt, »die DDR zugrunde gehen«; ein Vorgang, der sich schon Jahre zuvor angekündigt habe. Gudrun war als wissenschaftliche Mitarbeiterin am Institut für Soziologie und Sozialpolitik der Akademie der Wissenschaften der DDR tätig und nahm später ein postgraduales Studium zu Qualitativen Methoden in der Sozialwissenschaft auf. In der Nachwendezeit hat sie sich intensiv mit lokaler Sozialforschung im Friedrichshain beschäftigt, unter anderem Sozialstudien für Sanierungsgebiete angefertigt.

»In Krisen- und Umbruchzeiten sieht man immer auf das Naheliegende«, führt Gudrun aus, und so habe sie in Erwartung von großen Veränderungen Berliner Kieze und deren Sozialstrukturen untersucht und dabei viel über ihre eigene Stadt und deren Bevölkerung gelernt. In den neu entstandenen Sanierungsgebieten, die sich im ärmeren Stadtbezirk Friedrichshain befanden, habe sie beispielsweise gesehen, »dass, bevor Sanierung stattfindet für das entsprechende Gebiet, erstens eine Bauzustandsstudie und zweitens eine Sozialstudie erstellt werden muss«. Alle Mieter würden darin befragt, Mieterstruktur und Wohndauer erfasst, die Qualität des Wohnumfelds und anderes.

In der Karl-Marx-Allee traf sie dabei auf Menschen, die einst mitgeholfen hatten, die Straße zu enttrümmern: »Da gab es tiefen Einblick in so viele Leben. Wer hat hier gewohnt? Auch Leute vom Bau und jede Menge Trümmerfrauen, die uns ihre Aufbauhefte gezeigt haben. Und dann sagten: ›Ich hatte ein Los der Aufbaulotterie und so habe ich meine Mietwohnung gewonnen.‹« Dass die für die damaligen Verhältnisse luxuriösen Wohnungen Parteifunktionären vorbehalten waren, kann Gudrun nicht bestätigen. Vielmehr habe »sich der Staat verpflichtet gefühlt, die in den Häusern wohnen zu lassen, die sie erbaut haben. Das ist kein Schmus.« Zugleich habe es ein heterogenes Wohnumfeld gegeben, »die wunderbare Berliner Mischung«, wie Gudrun es nennt, wenn Menschen unterschiedlicher sozialer Herkunft und Bildung Tür an Tür leben: »Das Übliche: Professor neben der Putzfrau, nicht etwa überwiegend Funktionäre. Und dazu noch Widerstandskämpfer und in den Dachetagen Künstler.« Gudrun hat sich ausführlich mit den Bauten der Karl-Marx-Allee und Frankfurter Allee beschäftigt und kann entsprechend viel und spannend erzählen. Nach Hegel sei dies eine »gebaute Gesellschaftsutopie« gewesen, mit »ganzheitlicher Lebensqualität«. »Wohnen, Erholung, Ausgehen, Einkaufen, Infrastruktur«, das sei alles bedacht und hier zusammengebracht worden.

Ob sie schon vor der Wende versucht habe, selbst hier zu leben? Damals sei das für sie unerreichbar gewesen, führt Gudrun aus, wurde doch die Wohnberechtigung von der Großmutter auf den Enkel vererbt. Ende 1992 war es der Familie dann doch möglich, durch einen Wohnungstausch in ihre jetzige Wohnung einzuziehen. Ein Hauptgewinn, über den sie sich viele Jahre später noch immer freut: »Heute noch drehe ich das Wasser mit Triumphgefühl auf, die Wohnung war für uns wie ein Sechser im Lotto.«

In die Entwicklung des Ostteils von Berlin hatte Gudrun nach 1990 große Hoffnungen gesetzt und selbst auch aktiv auf Veränderungen hingewirkt. Sie war unter anderem beim Runden Tisch Friedrichshain dabei und nach der ›Schlacht um die Mainzer Straße‹ beim Runden Tisch der Besetzer. Genossenschaften und Mietermodelle, so hatte sie gehofft, würden sich durchsetzen und das Bestehen einer bunten Vielfalt sicherstellen. Eine Hoffnung, die sich nicht erfüllt hat. Den heute angestrebten Milieuschutz sieht sie entsprechend kritisch, denn »das Milieu, das geschützt werden soll, existiert hier gar nicht mehr«.

Gudrun selbst möchte unbedingt weiter hier leben, auch wenn sie für diesen Wunsch kämpfen muss. Ihre Wohnung ist verkauft, wenngleich der Investor sie bislang nicht angesehen hat. Im Zuge der Veräußerung, so erzählt sie uns, habe man sie mit kleineren und größeren Schikanen, mit »exzessiven Vertreibungsstrategien« zum Auszug bewegen wollen. Sie, die sich einst gegen den Verkauf kommunaler Wohnbestände eingesetzt hatte, fühlt sich nun selbst bedrängt. Der Geruch von Schimmel haftet in der Wohnung, verursacht durch Wasser, das jahrelang nach innen gedrungen ist und die Wände schädigte. Ein Raum war für »zwei Jahre faktisch unbewohnbar«. »Dutzende Eingaben«,

ZWEIFEL

DER ENTFESSELTE
Die fröhliche Fehlbarkeit des Papstes
Entlastung der Bürger
Die Zeit ist reif für eine Steuerreform
Luftsicherheit
Hacker proben den Angriff aufs Cockpit
Conchita Wurst
„Ich bin nicht im falschen Körper"

90 Jahre
Werner Eberlein

SCHEISSE!
TROTZDEM:
SPD

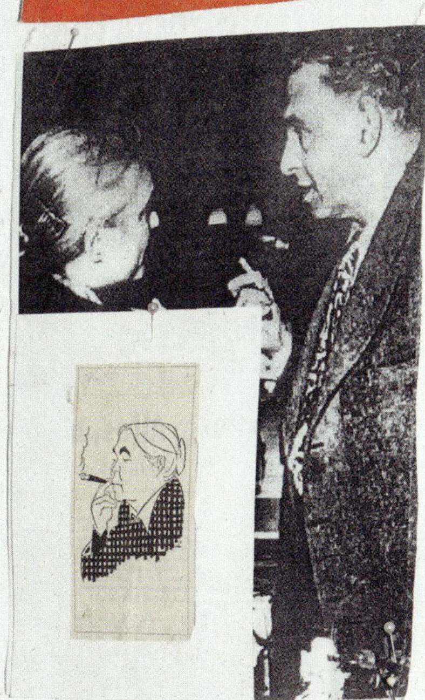

ollen wir der Welt erklären, dass Amerika ein freies Land ist – außer für Neger?"

Das Kulturhaus ist ab sofort geschlossen
Volkswagner

KÖNIG OEDIPVS
STERN
GASTSPIEL DES BERLINER DEVTSCHEN THEATERS
DIRECTION: MAX REINHARDT
ALS NOCH THEATER GESPIELT WURDE!
Oben: Ernst Stern: »König Oedipus«, 1911

Macht
Sturz ins Dritte Reich

Frankfurter Allee für
Frankfurter Allee
1. ALLEE FEST
27. Juni 2013 17–22 Uhr
Frankfurter Allee 21 – 27

REISEN

so erzählt Gudrun weiter, »Mahnbriefe und Vorsprachen bei mehrfach wechselnden Hausverwaltungen« blieben erfolglos, so dass sie das Gesundheitsamt, das Denkmalschutzamt und die Wohnungsaufsicht einschaltete. Nach einem Besichtigungstermin vor Ort wurde ihr von der Verwaltung ein Gutachten zugeschickt: Die von den durchnässten Wänden entfernten und in der Raummitte gestapelten Bücher würden die Geschossdecken überlasten. Als Beweis dienten Fotos, die ohne Einverständnis entstanden waren. Die drohende Kündigung konnte zwar – auch mit Unterstützung der Nachbarn – abgewendet werden, doch ist diese Zeit, die stetige Angst, nicht spurlos an ihr vorübergegangen »Ich halte diesen Terror, ich halte diesen Nervenkrieg nicht mehr aus«, haben ehemalige Nachbarn zu ihr gesagt und sind weggezogen. Gudrun Prengel, der die Wohnung und ihre gute Nachbarschaft viel bedeuten, kämpft um ihr Recht und um ihren Lebensraum: »Und deshalb werde ich die Wohnung auch nicht verlassen. Da die solche Praktiken angewandt haben, da wird der Hugenotte nur noch sturer.«

100
UNBUILT
AMERICA
WOLKENKRATZER

»FRÜHER WAR ICH SCHARFER GEGNER DER ALLEEA STALINA.«

Bruno Flierl

Der Architekt Bruno Flierl lebt in einer Zweiraumwohnung unweit der großen Türme des Frankfurter Tors. Er bittet uns in sein Arbeitszimmer – ein Wohnzimmer gäbe es bei ihm nicht – und eröffnet das Gespräch: »Mit der Funktion ›Wohnen‹, weiß ich nichts anzufangen. Ich schlafe und sehe fern, ich esse und kommuniziere.«

Bevor er in die Frankfurter Allee zog, habe er in einem Altbau im 5. Stock gewohnt, ohne Fahrstuhl. Als das Treppensteigen für ihn immer beschwerlicher wurde, musste eine Lösung her. Die Anzeige für die Wohnung habe seine Tochter in der Zeitung entdeckt und ihn eingeladen, sie mit ihr zu besichtigen. »Wehe, wenn du die nicht nimmst«, habe sie zu ihm gesagt. Und Flierl nahm die Wohnung. »Es war meine Rettung, hierherzukommen«, stellte er bald nach dem Einzug fest, »weil ich mich nicht mehr gut bewegen kann. Und dadurch, dass ich nicht mehr lange laufen kann, um zur Straßenbahn oder U-Bahn zu kommen. Das ist hier an dieser Kreuzung wunderbar. Ich bin mitten in der Stadt und lebe trotzdem ruhig und selbstgesetzt.« Allerdings fiele im Haus häufig der Fahrstuhl aus und dann würden die täglichen Dinge schwierig für ihn: »Ich habe meistens Taschen dabei, Einkäufe oder Bücher. Und leider ist Rotwein ja nicht weniger schwer als Wasser.«

Flierls Wohnung hat einen Nordbalkon auf der Rückseite des Hauses. Auf diesem blickt man in Baumkronen und über eine eingezäunte kleine Parkfläche, die früher einmal für alle Bewohner des Blocks zugänglich war. Bruno Flierl meint, dass der Balkon eine Auszeichnung für seine Wohnung sei. Dass die Sonne niemals auch nur einen Strahl hierhin werfe, störe ihn nicht, denn zum Sonnen könne er in die eingezäunte Fläche gehen, auf der auch mehrere Bänke zwischen Büschen und Bäumen stehen. »Dieser Garten ist private only. Hier feiern die Bewohner des Hauses abends mit ihren Kindern. Dass man so etwas haben kann, mitten in der Großstadt, 20 Meter von der U-Bahn, 15 Minuten vom Alex!« Flierl gerät nun ins Schwärmen: die Abstellkammer, die Ruhe, der großzügige Grundriss. Dabei habe er die Architektur der Gebäude, den verspielten und gleichzeitig monumentalen Baustil immer abgelehnt.

»Früher war ich scharfer Gegner der Alleea stalina«, führt Flierl das Gespräch auf die 1950er-Jahre, die Zeit, in der die Allee gebaut wurde. Nach Kriegseinsatz und Kriegsgefangenschaft, die der 1927 Geborene als Jugendlicher erfahren musste, sei er nicht in seine Heimat Schlesien zurückgekehrt, sondern kam nach Berlin, wo Mutter und Vater mittlerweile lebten. »Dann habe ich mir beide Berlins angesehen und mich politisch für den Osten entschieden«, erklärt Flierl den Entschluss, in der SBZ und späteren DDR eine neue Heimat zu finden. In seiner Entscheidung getragen habe ihn der Wille, dass dieses neue Deutschland ein anderes werden müsse und er einen Beitrag dazu leisten wolle. Der Vater, sein Vorbild, war Architekt, schon als Schüler hat Flier im nachgeeifert und zu Hause architektonische Entwürfe gezeichnet. 1948 konnte er dann sein Abitur nachholen und bewarb sich anschließend an der Berliner Technischen Hochschule sowie an der Hochschule für bildende Künste. Für beide bekam er eine Zulassung. Bruno Flierls Bruder, der schon seit zwei Jahren an die Hochschule für bildende Künste ebenfalls Architektur studierte, riet ihm auch dorthin zu gehen: »An der TH sind noch alte Nazis und an der HfBK sind Bauhausarchitekten.« Flierl studierte nun unter anderem bei einem Schüler des Architekten Mies van der Rohe und lernte so die Baukunst der Moderne kennen.

Schnell wurde ihm dabei bewusst, dass er nicht für Privatpersonen bauen wollte: »Ich wollte mit Idealen die Gesellschaft verändern«, sagt Flierl, denn »nach dem Krieg mussten wir endlich mal eine menschliche und sozial gerechte werden. In West-Berlin waren zu viele von den alten Machthabern, von den alten Typen, das passte mir alles nicht.« Sein Auftrag, das war eine »Gesellschaft, die noch gar nicht sozialistisch war, noch nicht mal verkündet hatte, dass sie es werden wollte. Sondern nur antifaschistisch und demokratisch. Hoffentlich.« Flierl wollte nicht weniger, als die Welt verbessern, zu mehr Gerechtigkeit beitragen. »Ich wollte ja nicht als Erstes Architektur machen, ich wollte eine bessere Gesellschaft machen«, schließt er diesen Teil seiner Ausführungen und fügt hinzu: »Das war natürlich ein bisschen viel, aber das hat mein ganzes Leben hindurch gehalten.«

Die Architektur der Stalinallee habe er, sagt Flier, abgelehnt, aufgrund seiner Ideale von Architektur ablehnen müssen. »Ich habe später eingesehen, dass das ein schnelles Urteil war, das nur von der Gestalt der Gebäude aus geprägt war. Ich wollte natürlich moderne Gebäude. Später wusste ich und weiß es noch bis heute genau, dass die große Leistung der Stalinallee darin bestand, mit einem Zug eine große Straße großstädtisch aufzubauen und über diese Straße vom Osten her ins Zentrum den Weg neu zu bestimmen. Weil in Ost-Berlin traditionell mittelalterliche Radialstraßen in die Hansestädte Prenzlau, Frankfurt, Greifswald führten.« Die Große Frankfurter Straße, so führt Flier weiter aus, war für das Vorhaben besonders geeignet, verband sie doch den größten Teil der Wohn- und Arbeitsgegenden Ost-Berlins mit dem Zentrum. Denn, so Flierl weiter, »das Zentrum lag azentral durch die Teilung der Besatzungsmächte«. Dabei könnten Wohnungen und das entsprechende Umfeld aber immer nur ein Angebot sein: »Der Mensch muss es aneignen für sein Leben.«

Flierl kommt wieder auf den Grundriss der Wohnungen zurück. »Ich habe gesehen, dass diese Wohnungen auf dem Niveau der deutschen Grundrissarchitektur waren. Die Deutschen waren in den 20ern im Grundrissmachen weltberühmt. Und ich muss sagen, diese Wohnung ist vom Grundriss her fantastisch.« Er sei, so schließt er seine Ausführungen, mittlerweile »versöhnt mit der Fortführung der Tradition«. Ohnehin waren es nicht die Wohnungen selbst, an denen er sich gestört hatte, sondern die Fassade: »Es war eine Repräsentationsfassade. Das war der sowjetische Einfluss, obwohl es natürlich keine sowjetische Architektur ist. Der russische Klassizismus war ein anderer. Und der deutsche Klassizismus war auch ein anderer. Wir haben hier mehr den Genossen Schinkel, um es ironisch zu sagen.«

SEI WEISE UND HALT' DICH ZURÜCK !
Dresden
MOC
WAR
Taiwan
Gregor Gysi
Raum und Bild des Menschen
BRUNO TAUT
Städtebau
Grundsätze Beispiele Methoden Richtwerte
OSWALD MATHIAS UNGERS

2
Mo Di Mi Do Fr Sa So
1 2 3 4 5 6 7
8 9 10 11 12 13 14
15 16 17 18 19 20 21
22 23 24 25 26 27 28

KOS TEA
Meßmer
Holunder-Kirsche

Paris 03
Paris/03
STABILO BOSS
ORIGINAL
STAEDTLER pigment liner 0.5
Nexa Lotte
Michel
H
boris . gr
STABILO point 88 fine 0,4
Art. No. 68/46

BER
ESSELTE
Bauen in Berlin
Architektur
WÖRTERBUCH
WANN
BERLIN
NEW YORK
11. SEPTEMBER
PAVILLONBAUTEN
DIE ERSTE NACHKRIEGSMODERNE

DVD Spieler
DVD-270
ERMANO
49,90
BERLIN

ZEITTAFEL

ab 1920	Mit der Entstehung Groß-Berlins werden die Große Frankfurter Straße und die östliche Verlängerung Frankfurter Allee zu wichtigen Verkehrsachsen. Die Bebauung entlang der Ausfahrstraße besteht überwiegend aus Mietskasernen.
1927	Beginn des Baus der U-Bahnlinie E, der heutigen U5, die entlang des Straßenverlaufs bis zum Stadtrand führt
1945	Große Teile Friedrichshains und der Gebäude entlang der Großen Frankfurter Straße und der Frankfurter Allee werden bei Luftangriffen und in Häuserkämpfen schwer beschädigt und teilweise zerstört; Beginn der Enttrümmerung; Gründung der Hilfsorganisation ›Volkssolidarität‹ für Menschen, die besonders unter Kriegsfolgen litten
1949–1951	Errichtung von zwei Laubenganghäusern im Stil der Moderne (als Teil der nicht realisierten ›Wohnzelle Friedrichshain‹)
1949	Die Große Frankfurter Straße und die Frankfurter Allee werden anlässlich des 70. Geburtstags von Josef Stalin am 21. Dezember in Stalinallee umbenannt; der U-Bahnhof Frankfurter Allee heißt fortan U-Bahnhof Stalinallee
1951	Architekturwettbewerb um die Neugestaltung der Stalinallee; Ausarbeitung der Pläne durch Egon Hartmann, Richard Paulick, Hanns Hopp, Karl Souradny, Kurt W. Leucht und Hermann Henselmann; Ausruf des Nationalen Aufbauprogramms mit dem Schwerpunkt Stalinallee; Bau der Deutschen Sporthalle anlässlich der III. Weltfestspiele der Jugend und Studenten (1972 abgerissen)
1952	Grundsteinlegung des ersten Wohnblocks der Allee durch den Ministerpräsidenten der DDR, Otto Grotewohl, am 3. Februar; Einzug der ersten Bewohner
1953	Der Aufstand vom 17. Juni beginnt auf einer Baustelle der Stalinallee
1955–1960	Errichtung der Türme am Frankfurter Tor nach Entwürfen von Hermann Henselmann

1959–1965 Errichtung von Wohngebäuden zwischen Strausberger Platz und Alexanderplatz in Plattenbauweise sowie weiteren Gebäuden, u. a. Haus des Lehrers, Café Moskau, Hotel Berolina, Mokka-Milch-Eisbar und Kino International

1961 13. August: Teilung Deutschlands und Bau der Berliner Mauer; 13. November: Umbenennung der Stalinallee in Karl-Marx-Allee (westlich des Frankfurter Tors) und Frankfurter Allee (östlich des Frankfurter Tors); Entfernung des 1951 errichteten Stalin-Denkmals

1962 Einweihung des Premierenkinos Kosmos

1971 Umgestaltung eines Wohngebiets östlich der Karl-Marx-Allee

1977 Bis zum Ende der DDR wird die offizielle Großdemonstration zum 1. Mai entlang der Karl-Marx-Allee geführt

1979 Bis 1989 findet die alljährliche Ehrenparade der NVA anlässlich des Feiertags der Gründung der DDR am 7. Oktober in der Karl-Marx-Allee statt

1990 Übernahme der Gebäude an der Karl-Marx-Allee und Frankfurter Allee durch die Treuhand, Wohnungsbaugesellschaft Mitte; Leerstand und drohender Verfall

ab 1990 Verkauf erster Wohnblöcke an Investoren; Sanierung der Karl-Marx-Allee, Aufbau von Penthäusern auf den Dachterrassen, die daraufhin für die Gemeinschaftsnutzung gesperrt werden; Errichtung weiterer Gebäude entlang der Straße; Beginn der Segmentierung und Verkauf an Privatinvestoren

ab ca. 2010 Beginn der Verknappung auf dem Berliner Wohnungsmarkt, Bedrohung von Mietern durch steigende Mieten und Kündigungen; Nutzung von Wohnraum als Ferienunterkünfte, investitionsbedingter Leerstand

ab 2019 Rückkauf von Wohnungen in der Karl-Marx-Allee durch den Berliner Senat

Die Autorin

Michaela Nowotnick, geboren 1980 in Herzberg/Elster, ist Literaturwissenschaftlerin. Sie promovierte an der Humboldt-Universität zu Berlin, wo sie anschließend als wissenschaftliche Mitarbeiterin tätig war. Seit 2018 arbeitet sie bei der Arno Schmidt Stiftung und als Lehrbeauftragte. Michaela Nowotnick lebt in Niedersachsen und Berlin.

Der Fotograf

Thorsten Klapsch, geboren 1966 in Darmstadt, studierte Fotografie am Lette Verein Berlin. Ein zentrales Thema seiner fotografischen Arbeit sind die Spuren der deutschen Teilung. Er hat bereits mehrere Bücher veröffentlicht. Seine Arbeiten werden in Ausstellungen gezeigt und sind in privaten und öffentlichen Sammlungen vertreten. Thorsten Klapsch lebt in Berlin.

Dank

Den Protagonistinnen und Protagonisten dieses Buchs, unseren Nachbarn, sei an dieser Stelle von Herzen für das entgegengebrachte Vertrauen gedankt. Ihre Geschichten hören zu dürfen und ihre ganz persönliche Sicht auf ›ihren Stalinbau‹ teilen zu können, hat unser Leben bereichert.

Michaela Nowotnick und Thorsten Klapsch,
Berlin, im Mai 2021